Gertrud Storm
Mein Vater Theodor Storm

SEVERUS

Storm. Gertrud: Mein Vater Theodor Storm
Hamburg, SEVERUS Verlag 2014

ISBN: 978-3-86347-627-4
Druck: SEVERUS Verlag, Hamburg, 2014
Nachdruck der Originalausgabe von 1922

Der SEVERUS Verlag ist ein Imprint der Diplomica Verlag GmbH.

Bibliografische Information der Deutschen Nationalbibliothek:
Die Deutsche Nationalbibliothek verzeichnet diese Publikation in der Deutschen Nationalbibliografie; detaillierte bibliografische Daten sind im Internet über http://dnb.d-nb.de abrufbar.

© SEVERUS Verlag
http://www.severus-verlag.de, Hamburg 2014
Printed in Germany
Alle Rechte vorbehalten.

Der SEVERUS Verlag übernimmt keine juristische Verantwortung oder irgendeine Haftung für evtl. fehlerhafte Angaben und deren Folgen.

SeveruS

Mein Vater

Theodor Storm

von

Gertrud Storm

Einführung

Auf Anregung des Dichters Börries, Freiherr von Münchhausen habe ich es unternommen, das Leben meines Vaters für die Jugend niederzuschreiben. Ich habe mich dabei an meines Vaters Worte gehalten: „Wer für die Jugend schreibt, soll nicht für die Jugend schreiben!" Ich habe sein Leben einfach und schlicht niedergeschrieben, so wie ich es erlebte und aus zahlreichen Briefen und mündlichen Berichten sah und sehe. Möchte das kleine Buch meinen jungen Lesern ein wenig Freude schenken — das wäre mein schönster Dank.

Um ein rechtes Verständnis für den Menschen und Dichter zu geben, habe ich auch ein wenig von unseren Vorfahren erzählt, soweit sie in den Dichtungen meines Vaters zu neuem Leben auferstehen. Auch von den alten Familienhäusern und den Rokokogärten, über die der Duft vergangener Zeiten liegt; in denen die Ur- und Ururgroßväter im schokoladenfarbenen Rock mit Spitzenjabot, in kurzen Kniehosen und Schuhen, an denen silberne Schnallen glänzten, sich ergingen. Und von dem alten Ahornbaum, in dem die Stare schwatzten und alle die, von denen der

Dichter in seinen Vergangenheits=Novellen erzählt, ihren Namen schnitten. Ich habe diese Namen noch mit einem Schauer der Ehrfurcht betrachtet. Heute ist der alte Ahornbaum verschwunden, aber das alte Patrizierhaus in der „Hohlen Gasse", das einst ein Urahn seinem Sohne zur Hochzeit schenkte — in dem mein Vater mit Brüdern und Schwestern Kindheit und Jugend verlebte, steht noch heute unverändert und erzählt von einem verklungenen Jahrhundert.

Varel, im Juli 1922.

Gertrud Storm.

1. Kapitel

Die alte Familiengruft der Woldsen auf dem St. Jürgenfriedhofe in Husum öffnete sich im Juni 1910 zum letztenmal, um eine Nachkommin der Woldsen aufzunehmen. Einst las man auf dem grauen Stein, der die Gruft bedeckt, "Woldsen und sine Erben op ewige Tiden". Sie liegt hart an der Straße, umstanden von alten Linden, unter denen schon der erste reformierte Prediger, Hermann Tast, seine kraftvollen Reden hielt. Blumen und Ziersträucher wollen unter dem Tropfenfall der Linden nicht gedeihen und blühen, aber im Sommer spielen muntere Kinder auf den Steinen. Ihr helles Lachen klingt herunter zu den stillen Schläfern, und im Herbst streuen die Linden ihre goldenen Blätter auf Theodor Storms letzte Ruhestätte. Er schläft dort zusammen mit seinen Vorfahren, denen er in seinen Dichtungen ewiges Leben gab. Auch die beiden Frauen, die sich in sein Leben und seine Liebe teilten, schlafen dort. Einst hatte der Urgroßvater Friedrich Woldsen die Gruft zusammen mit dem stattlichen Hause in der "Hohlen Gasse" bauen lassen.

Theodor Storm erzählte oft, daß sein Urgroßvater Friedrich Woldsen, mit den "schönen blauen Augen", fügte er jedesmal hinzu, ein strenger Mann gewesen sei, der seine Söhne bis ins dreißigste Jahr erzogen habe. Bei seinen Mitbürgern sei er geachtet und beliebt gewesen, um seiner Tüchtigkeit und seines geraden, aufrichtigen Charakters willen. Er heiratete dreimal, wie die alte Familienbibel erzählt, und bekam zahlreiche Nachkommen. Sein ältester Sohn Simon wurde Theodor Storms Großvater. Simon wurde von vielen geliebt, aber da er nicht das kaufmännische Talent seines Vaters hatte, von vielen betrogen. Theodor Storm verlor diesen Großvater schon im dritten Lebensjahr. Er hat ihn nur ein einziges Mal im elterlichen Garten mit Bewußtsein gesehen, — von seinem Antlitz blieb ihm keinerlei Erinnerung, aber der empfangene Eindruck paßte gut zu dem Miniaturbildchen, das mit dem seiner Eltern und seiner Schwester im silbervergoldeten Medaillon im elterlichen Hause im Wohnzimmer über dem Sofa hing. Nach seinem Tode schrieb einer seiner Freunde: „Er war der liebreichste Gatte, der zärtlichste Vater und der redlichste Freund."

Der Ratsverwandte Joachim Christian Fedderjen, der in einem alten Giebelhause an der Schiffbrücke wohnte, war mit Friedrich Woldsen und seiner Familie befreundet. Er war Besitzer einer umfangreichen Dünnbierbrauerei. Die kleinen Halligschiffe, die im gegenüberliegenden Hafen der Ladung harrten, führten sein vortreffliches Bier zu den Inseln und Halligen. Theodor Storm schildert den Urgroßvater Feddersen als einen kleinen, behaglichen, kunstsinnigen Mann und Freund der Armen. Mit seiner Frau Elsabe lebte er in sehr glücklicher Ehe, das bezeugen eine Menge von Briefen, die heute noch in der Familie erhalten sind. Seine Tochter Lenchen gewann Simon Woldsens Herz. Auf einer Reise hielt er schriftlich um Mamsell Lenchens Hand bei dem „Herrn Vetter" an und erhielt auch das Jawort. In einem Antwortschreiben drückte er umständlich seine Freude aus, "daß die Vorsehung ihm eine Person schenke, für die er die zärtlichste Liebe und aufrichtigste Hochachtung hege, und bittet um die Erlaubnis, sein bestes, liebstes Lenchen noch am Abend seiner Ankunft als Braut umarmen zu dürfen". Das junge Paar zog nach der Vermählung in das Friedrich Woldsen gegenüberliegende vornehme Patrizierhaus in der "Hohlen Gasse". Kein düsterer Pesel, keine entlegenen Kammern, wie in den alten Häusern, befanden sich darin. Die Fenster gingen auf eine helle Straße oder hinten hinaus ins Grüne, auf den Hof und den daneben liegenden Garten. Wenn man aus der Hoftür trat, lagen rechts die Gebäude der Zuckerfabrik, links der höher gelegene Garten, der mit einer Mauer und darauf befindlichem Staket eingefriedigt war. Hohe Obstbäume ragten mit ihren Zweigen über den darunter liegenden Steinhof. Eine Steintreppe führte zum Garten hinauf. Gleich links stand ein zierliches Lusthaus, beschattet von einem Ahornbaum, der mit seiner Krone das mächtige Dach des Hauses überragte. Zwischen den steifen, geradlinigen, mit Buchsbaum eingefaßten Rabatten schlängelte sich ein breiter, mit Muscheln bestreuter Weg. Am Ende des Gartens befand sich eine Lindenlaube, in der Mamsell Lenchen, wenn sie Simons Schwester Fränzchen besuchte, ihre Liebesbriefe las. Auf den Rabatten blühten gelbe und leuchtend rote Nelken, und im Jasmingebüsch verborgen stand ein aus Holz geschnitztes Bild der Flora.

Fast alle Dichtungen Theodor Storms wurzeln

in der Heimat — nur in der Novelle Veronika ist ein fremder Klang. Kindheitserinnerungen, die Erzählungen seiner Großmutter Woldsen und der alten Freundin seiner Kindheit, Lena Wies, Örtlichkeiten der grauen Stadt, alte Chroniken gaben ihm den Stoff zu seinen Dichtungen.

Darum bitte ich meinen jungen Leser, mir eine kurze Weile auf einer Wanderung durch Husum und die Umgebung zu folgen. Theodor Storm schildert uns in seiner Novelle „St. Jürgen" mit kurzen Strichen seine Vaterstadt, der bis zu seinem Tode sein Herz gehörte.

„Es ist nur ein schmuckloses Städtchen, meine Vaterstadt, sie liegt in einer baumlosen Küstenebene, und ihre Häuser sind alt und finster. Dennoch habe ich sie immer für einen angenehmen Ort gehalten, und zwei den Menschen heilige Vögel scheinen diese Meinung zu teilen. Bei hoher Sommerluft schweben fortwährend Störche über der Stadt, die ihre Nester unten auf den Dächern haben, und wenn im April die ersten Lüfte aus dem Süden wehen, so bringen sie gewiß die Schwalben mit, und ein Nachbar sagt es dem andern, daß sie gekommen sind."

Husum liegt etwas landeinwärts an einem kleinen Flüßchen, der Husumerau. Im Norden und Osten erstreckte sich zu Theodor Storms Kindheit weite, unabsehbare Heide bis dicht an die Stadt heran. Im Süden liegt die Marsch, durchzogen von zahllosen Wassergräben, die in der Sonne wie silberne Bänder glänzen. Auf der grünen, im Sommer von Butterblumen goldgestickten Marsch liegen hie und da große Gehöfte, von uralten Eichen umgeben — soweit das Auge reicht, erblickt es im Sommer buntes, friedlich weidendes Rindvieh und Schafe, um die lustig die kleinen, schneeweißen Lämmer herumspringen. Die Lerchen erfüllen die Luft mit ihrem Jubelgesang, der Kiebitz ruft, der Schrei des Regenpfeifers durchschneidet die Luft, und die Möwen segeln mit ausgebreiteten Flügeln übers Wasser oder bei nahendem Sturme landeinwärts. Über alles wölbt sich selten nur der blaue, öfterer der mit wundersamen Wolkenbildungen bedeckte Himmel, denn Schleswig-Holstein ist das Land „mit ewiger Feuchte, seltenem Sonnenblick". Für den, der in der Marsch geboren ist, ist die Marsch, wie Theodor Storm einmal an Theodor Fontane schreibt, „die reizendste Gegend der Welt".

Im Norden von Husum liegt das Schloß. Viel früher stand an der Stelle ein Bettelmönchskloster mit seinen baumreichen Gärten, — aber wie das geläuterte Gotteswort auch in diese kleine Stadt drang — mußten die Mönche fliehen (1527). Der König von Dänemark schenkte das Kloster der Stadt Husum. 1577 ließ der Herzog von Schleswig-Holstein das Kloster abbrechen und an derselben Stelle ein herrliches Schloß als Witwensitz für die Herzoginnen erbauen. Eine steinerne, mit Löwen gezierte Brücke führte über den Schloßgraben zu dem wunderbaren, mit sieben Türmen verzierten Bau, der eine Fülle der kostbarsten Kunstschätze barg. In der Schloßkapelle befand sich eine kostbare Orgel und ein silberner Altar.

Um 1750 war nur noch der Hauptbau, von den Türmen nur der Stumpf des großen Mittelturmes übrig, und die Kunstschätze des Innern waren bis auf die Kamine verschwunden. In einem kleinen Buch, in dem auch seine ersten Gedichte niedergeschrieben sind, erzählt Theodor Storm: „Der sogenannte Rittersaal des Husumer Schlosses war noch in meinen Knabenjahren dicht behangen mit den Porträten alter Ritter und Damen, meist in Lebensgröße. Jetzt sind die Bilder nach Kopenhagen gekommen. Darunter das Bild eines Ritters, das mußte erröten, wenn man es ansah; wir machten uns als Knaben oft mit heimlichem Grauen dies Vergnügen."

Zur Dänenzeit wurden die Bilder nach Kopenhagen geschafft. Theodor Storms Kindheit fiel in eine nüchterne, pietätlose Zeit, von allem Segen der Kunst und der Schönheit verlassen. Die einst mit der Stadt zusammen entstandene Marienkirche wurde angeblich wegen Baufälligkeit abgebrochen — doch waren die Mauern so stark, daß sie gesprengt werden mußten. Die Denkmäler und Kunstschätze der Kirche wurden auf Auktionen verkauft oder sonst zerstreut. Ein Muttergottesbild wurde fünfzig Jahre nach Abbruch der Kirche von einem kunstsinnigen Dänen auf einem Hausboden zwischen staubigem Gerümpel gefunden und nach Kopenhagen gebracht, nur der Taufstein und die Glocken wurden von der neuen Kirche übernommen. Die neue Kirche, die erst zwanzig Jahre nach Abbruch der alten aufgeführt wurde, ist ein geschmackloses Gebäude. In den zwanzig Jahren, in denen es in Husum keine Kirche gab, wurde der

Gottesdienst in der Kirche des Klosters St. Jürgen abgehalten. Einst nannte man es „Gasthaus zum Ritter St. Jürgen" — es war ein Kranken= und Siechenhaus und bildet noch heute für viele Husumer Bürger und Bürgerinnen die letzte Ruhestätte nach einem schweren, arbeitsreichen Leben.

Die Wasser der Nordsee konnten zu Anfang des vorigen Jahrhunderts noch ungehindert in die Stadt dringen und die niedrig gelegenen Straßen über= schwemmen. Durch eine besondere Einrichtung schützten sich die Bürger vor den Sturmfluten. An Türen und Fenstern waren Falze angebracht, in die bei drohendem Hochwasser Bohlen eingeschoben wur= den. Der so entstandene Hohlraum wurde mit Dünger und Sandsäcken ausgefüllt. Wenn ein starker Nordwestwind Hochwasser befürchten ließ, dann lief ein Mann durch die Straßen und rief: „Water, Water!" Seit 1857 wurden die Sturmfluten durch eine Deichanlage, in die eine Schleuse eingebaut ist, ferngehalten.

Im 14. und 15. und Anfang des 16. Jahr= hunderts war Husum eine bedeutende Handelsstadt — lagen doch vierzig bis fünfzig Schiffe im Hafen. Der ganze Verkehr zwischen Nord= und Ostsee ging über Husum, daß sogar Hamburgs Eifersucht erregt wurde. Mit den Jahren verschlickte der Hafen immer mehr, so daß nur noch kleinere Schiffe verkehren konnten.

Straßenbeleuchtung gab es zu Theodor Storms Kindheit noch nicht. Die Kinder irrlichterten mit kleinen Handlaternen, die sie im Knopfloch ihrer Jacken befestigten, in den Straßen. Die alten Damen ließen sich an Winterabenden von einer Magd, die eine Laterne trug, in die Gesellschaften geleiten und wieder abholen — waren sie sehr vornehm, dann brannten in ihr zwei Lichte.

Der Senator Simon Woldsen in der „Hohlen Gasse" und seine Magdalene hatten keine Söhne — sie starben in früher Kindheit. Aber drei Töchter, Magdalene, Elsabe und Luzie wuchsen fröhlich heran. Im Jahre 1814 kam ein junger Jurist, Johann Kasimir Storm, frisch von der Universität Heidelberg nach Husum. Sein Vater hatte in dem kleinen, seitab in Busch und Wieseneinsamkeit gelegenen Dorfe Westermühlen eine Wassermühle, die sich seit Generationen vom Vater auf den Sohn vererbte. Viel später, als Johann Kasimir schon der „olle Storm" war, erzählte er abends nach vollendetem Tageslauf seinen Kindern und später seinen Enkeln von seinem Jungenparadies. Er saß dann tief zurückgelehnt im alten, mit schwarzem Damast bezogenen Lehnstuhl, vor ihm stand ein Glas roten Weines — den Blick nach innen gerichtet, tauchte aus der Erinnerung Bild um Bild seiner Kindheit und schönen Jugend auf.

Auf gesellschaftlichem Wege kam der junge Rechtsgelehrte Johann Kasimir Storm auch in das Haus von Simon Woldsen. Sehr bald schon verlor er sein Herz an die schöne und anmutige Luzie. Sie war von zierlicher Gestalt, ihre blauen Augen waren von eigenartiger Schönheit. Sie hatte einen klaren Verstand und viel Interesse für Kunst und Natur. Der Dichter Eduard Mörike hat später von Luzie gesagt,

„sie habe so etwas Klares, Leuchtendes — Liebe Erweckendes!" Sie wurde die Braut des jungen Johann Kasimir. Er kaufte sich eines der alten Treppengiebelhäuser, die den Markt umgaben, und ließ sich als Advokat in Husum nieder. Theodor Storm schreibt über seinen Vater: Er ist ein Mann ohne alle Selbstsucht, als Advokat — er war namentlich in Administrativsachen von Bedeutung — von einer keuschen Ehrenhaftigkeit. Kein gelehrter Jurist, aber berühmt wegen seiner klaren Auffassung der Sachlage. Im ganzen Lande war er hochgeachtet und geschätzt, er hatte wirkliche Freunde in allen Schichten. Als bei einer Inselreise mich ein alter Schiffer auf seinem Rücken an den Strand trug, sagte er zu mir: „Von sin Ole sprickt man of Godes, wenn man nich vör em steit."

Am 29. Mai 1816 führte der junge Advokat Johann Kasimir Storm seine erst achtzehnjährige Frau in das stattlich eingerichtete Haus am Markt. Die Rosen begannen zu blühen, vielleicht auch weilte Frau Nachtigall zu flüchtigem Besuche in der meerumrauschten Stadt und sang dem jungen Paar ihre Liebesklage ins Herz. Im Herbst des nächsten Jahres — die rote Heide war im Verblühen — legte man der jungen Mutter ihren ersten Sohn in den Arm. Es war um die Mitternachtsstunde vom 14. auf den 15. September. Der Knabe erhielt in der Taufe den Namen „Hans Theodor Woldsen Storm". —

In dem Hause in der „Hohlen Gasse" war es einsam geworden. Magdalene und Elsabe folgten dem Zuge ihres Herzens:

„Sie flogen mit jungen Gesellen hinaus
Weit fort und kehrten nicht wieder nach Haus.
Und im fröhlichen Nest war für immer verklungen
Das Zwitschern der Jungen."

Im Jahre 1821 starb der gute Großvater Simon Woldsen, und die junge Familie Storm übersiedelte vom Markte in das nun ganz vereinsamte Haus in der „Hohlen Gasse". Nun hatte Großmutter Woldsen wieder zu sorgen und zu lieben. Treppen und Gänge hallten wider von den Schritten kleiner Kinderfüße und hellem, ausgelassenem Lachen. Ein reicher Kindersegen blieb nicht aus, es folgten nacheinander elf Kinder, von denen es nur vier Knaben zur kraftvollen Entfaltung ihres Lebens brachten. Helene und Cäcilie starben als junge Frauen. Luzie, mit der der kleine Theodor nächtens sein Bett teilte, und die er so sehr liebte, starb mit sechs Jahren am Krupp — der neunjährige Knabe lief weinend ins Feld hinaus, und der Schmerz schenkte ihm sein erstes Gedicht, von dem leider nur noch die beiden ersten kindlichen Verse erhalten sind,

„Und der Totenkranz umwindet
Jetzt ihr engelgleiches Haar."

Viele Jahre später schenkte die Erinnerung an seine kleine zärtlich geliebte Schwester dem Dichter eines seiner zartesten Gedichte „Luzie".

„Erzogen wurde wenig an mir," erzählte Theodor Storm, „aber die Luft des Hauses war gesund; von Religion oder Christentum habe ich nie reden hören . . . ich habe durchaus keinen Glauben aus der Kindheit her, weiß also auch in dieser Beziehung nichts von Entwicklungskämpfen — ich staune nur mitunter, wie man Wert darauf legen kann, ob jemand über Urgrund oder Endzweck der Dinge dies oder jenes glaubt oder nicht glaubt!"

Später sagte er wohl seinen Kindern: „Wenn es einen Gott gibt, kann es nur ein Gott der Liebe sein, der weiß, daß wir ihn mit unserem schwachen Verstande nicht fassen können. Ich habe auch ohne diesen Gottesglauben stets alles Schlechte in mir zu bekämpfen gesucht — Neid, Haß und Eifersucht, und mich bemüht, ein guter Mensch zu sein!"

Großmutter Woldsen war die gewichtigste Persönlichkeit in Theodors Kindheit, ging doch alles, was ihn und seine Geschwister erheiterte, von ihr aus. Sie tat den Kindern alles zuliebe und versorgte sie mit allem, dessen sie zu ihren Spielen bedurften, und war ihnen in allen ihren kleinen Nöten eine sichere Zuflucht. Als Quartaner schenkte Großmutter Woldsen Theodor ein Puppentheater. Was der Dichter selbst an einem erinnerungsreichen Abend seiner Tochter Gertrud über dieses Glück erzählte und sie dann niederschrieb, möge hier seinen Platz haben.

„Einen großen Zeitraum von mehreren Jahren habe ich meine ganze Freizeit außer der Schule mit der Direktion meines Puppentheaters ausgefüllt; zwei Schulkameraden, Krebs und Olhuus, waren dabei meine Gehilfen. Eine alte Jungfrau, bei der Olhuus wohnte, half uns die Puppen, die freilich nur von Papier waren, ausschneiden und eiserne Drähte daran befestigen. Sie ließ in den Aufführungen den Papageno tanzen und sang dazu mit einer schönen Fistelstimme: „Der Vogelfänger bin ich ja, hops heisa lustig, hopsassa!", was mir die ungemischteste, Freude machte.

Das Theater hatten wir anfänglich mitten in der Stube, späterhin zwischen zwei Stuben in der offenen Tür. Alles war so verhangen, daß wir nicht dabei zu sehen waren. Das Geheimnisvolle hatte den größten Reiz für uns. Das Zimmer für die Zuschauer, die meist aus der lieben Nachbarschaft und den Dienstboten bestanden, blieb stets ohne jegliche Beleuchtung, damit das Aufrollen des Vorhanges einen noch zauberhafteren Eindruck machte.

Das erste Stück, das wir aufführten, war aus einer Gedichtsammlung eines gewissen Petzel aus Tönning und stellte die Geburtstagsfeier eines Grafen Rantzau vor. Obgleich die Puppen steif waren, so erntete doch eine jugendliche Figur, welche die junge Gräfin Sophie vorstellte, besonderen Beifall. Ich erinnere mich, daß sie mir besonders lieblich vorkam, so daß ich beinah eine Art phantastischer Neigung für sie bekam. Meine verstorbene Schwester Luzie, die ich von allen Geschwistern am meisten liebte, sprach nach dieser Vorstellung auch öfters von der „niedlichen Gräfin Sophie".

Mit Totstechen, wie der Wilhelm Meister, haben wir nie etwas zu tun gehabt, dagegen gelang uns Donner und Blitz vorzüglich mit Kupferplatten und Hexenpulver. Aber, o weh, als ein papierner bunter Regenbogen ganz zierlich an einem Zwirnsfaden herabgelassen wurde, krellte sich der Zwirn, und der Regenbogen zeigte die weiße Kehrseite.

Das zweite Stück, das zur Aufführung gelangte, waren Schillers „Räuber". Bald aber genügten uns die fremden Theaterstücke nicht mehr, auch konnten wir so recht keine finden, die in unsern Kram paßten. Gellerts Schäferspiele, die ich zu dem Ende eifrig studierte, schienen mir schließlich doch viel zu altmodisch. Olhuus, Krebs und ich beschlossen daher, die dramatischen Sachen selbst zu liefern.

Und wirklich, jeder lieferte sein Stück. In meinem spielte Kasperle die Hauptrolle. Er hatte zwei durch den Eigensinn des Vaters getrennte Liebende zu vereinen. Krebs dagegen ließ einen alten Mann auftreten, der voll Gram über seinen verwilderten, entwichenen Sohn war. Er machte eine Reise, um ihn aufzusuchen. In einem Walde wird er von einem Räuber überfallen und erkennt in ihm seinen Sohn. Nun folgten Reue, Verzweiflung, Versöhnung und — Tränen.

Zur Aufführung dieser Stücke wurden große Vorkehrungen getroffen. Ich malte Felsdekorationen mit unzähligen Uhus, Fledermäusen und Teufeln mit roten Augen.

Aber bald genügten mir die platten Papierpuppen nicht mehr. Ich wollte die Illusion erhöhen und nähte mir mit Baumwolle ausgestopfte Puppen von Batist mit kleinen Puppenangesichtern. Mutter und Schwester Helene, die schon einigermaßen nähen konnte, mußten für die Kleider sorgen. Der Räuber bekam einen grünseidenen Leibrock an. Als ich meinem Mitdirektor Krebs diese Verbesserung an den schon fertigen Puppen zeigte und mir für diese Erfindung ein großes Lob von ihm versprach, ward ich gewaltig enttäuscht. Er wollte von diesen dicken, dummen Puppen nichts wissen, die alle, wie er meinte, dasselbe ausdruckslose Gesicht mit einer Mädchenhaartracht hatten. Indessen war ich bei den Aufführungen Meister, und ich setzte meinen Willen durch. Über die Frauenhaare wurden Mützen genäht und Schnurrbärte ins Gesicht gemalt, wenn's ein Mann sein sollte. So ging die Aufführung mit großem Beifall vor sich. In den Zwischenakten feuerten wir jedesmal eine kleine messingene Kanone ab, was die Feierlichkeit auf das höchste steigerte.

Nach diesen mechanischen und Garderobenvorbereitungen war mein Augenmerk darauf gerichtet, das Äußere des Theaters glänzend einzurichten. Wir verschafften uns einen neuen Vorhang aus rotem Zeug und beklebten das Proszenium mit goldpapiernen Sternen. Ich malte neue Walddekorationen, kaufte für jeden ersparten Schilling Bänder und Puppenangesichter und vermehrte auf diese Weise die kleine Puppentruppe um ein beträchtliches. Krebs war eifrig damit beschäftigt, neue Straßendekorationen anzufertigen. Nun ging es uns auf ein Haar wie dem Wilhelm Meister. Über diese Beschäftigung mit all den Mitteln vergaßen wir die Aufführung selbst. Wir konnten den großen Zuschnitt unseres neuen Theaters nicht durchführen. Alle diese Vorbereitungen sind niemals angewandt worden; mit unserem Puppentheater hatte es ein Ende erreicht.

„Was nun kommt," fuhr mein Vater fort, „könnte ich beinahe aus dem Meister abschreiben.

Nicht lange währte es, da verfielen wir darauf, selbst die Schauspieler abzugeben. Olhuus war inzwischen zu einer alten Bäckerswitwe gezogen, die uns ihren Saal für unsere Aufführungen einräumte. In ungefähr acht Tagen hatten wir mit unendlicher Freude aus eigener Erfindung aus Bettschirmen, die mit Bettüchern überspannt waren, ein höchst sonderbares Theater zusammengebaut. Es hatte freilich nur einen Eingang.

Endlich kam der Tag, an dem die Komödie gespielt werden sollte. Eine Stunde vorher versammelten wir uns auf Olhuus' Stube und berieten darüber, was denn eigentlich gespielt werden sollte, keiner hatte daran gedacht. Das gab viel Hin und Her und Streiten, und die verhängnisvolle Stunde rückte immer näher. Endlich entschloß man sich zu einem kleinen Gespräch zwischen Alexander von Mazedonien und einem Räuber, das wir in Campes Kinderbibliothek fanden. Das ganze Ding war etwa drei Seiten lang. Die Ausstaffierung der Spieler war die Hauptsache. Die Gesichter wurden bemalt, Röcke und Jacken verkehrt angezogen: endlich war Alexander und vorzüglich der Räuber fertig.

Und nun war die Stunde da. Gelernt werden konnte nicht mehr; das Gespräch wurde daher ein paarmal gelesen. So ging's in den Saal hinein. Er war voll Zuschauer; mit klopfendem Herzen guckten wir durch ein Loch im Vorhang in den Zuschauerraum. Endlich ging der Vorhang hoch. Da stand der Kaiser Alexander auf der Bühne, und der Räuber wurde ihm von zwei Häschern vorgeführt. „Wer bist du?" rief der Kaiser befehlend. Er wartete eine Weile, der Räuber glotzte ihn an. Aber er hatte keine Antwort, es war unmöglich. Da standen nun die schönbemalten Burschen sich gegenüber und glotzten sich immer mehr an, so daß ihnen der Schweiß auf die Stirn trat, aber mit den königlichen Reden war's nun aus. Die Zuschauer kamen ins Lachen, und der Vorhang mußte hinuntergelassen werden. Nur hinter den Kulissen war helle Verzweiflung."

„Ich weiß sehr wohl," sagte mein Vater, „daß ich mich, naß von Angstschweiß, zur Unterhaltung der Zuschauer in der Bedrängnis entschloß, den „Riesen Goliath" von Claudius zu deklamieren. Meinen kläglichen Körperzustand versuchte ich durch einen Knittelvers zu verbergen, indem ich über die Erschöpfung von einer soeben zurückgelegten Reise klagte. Danach tat ich denselben Schwur, wie Wilhelm Meister, nie mehr ohne gehörige Vorbereitungen Komödie zu spielen."

Frau Luzie war eine gute Mutter, doch gegen die überschwengliche Güte der Großmutter mußte sie doch Stellung nehmen. Theodor Storm hatte später keine Erinnerung an irgendwelche Zärtlichkeiten der Mutter. Daher erweckte es die seltsamsten Befürchtungen in seiner Kinderseele, wie sie einst einen seiner Wünsche sofort auf das bereitwilligste erfüllte. Theodor hatte sich — er mochte sechs Jahre alt sein — von Zuckerkistenholz auf dem Hofe eine Jahrmarktsbude gebaut und wollte in ihr Manufakturwaren auslegen. Die „Plünnenschublade" stand nun unglücklicherweise nicht unter der Herrschaft der Großmutter — sondern der Mutter. Sie war an diesem Tage sehr beschäftigt, und der kleine Junge wagte lange nicht, seine Bitte vorzutragen — endlich überwog die Begier. Die Mutter war sofort bereit, seine Wünsche weitgehend zu erfüllen. Sie kniete mit ihm im Hause auf dem Boden vor den reich gefüllten Schubfächern, und schwer beladen, glückselig zog er in den Hof hinunter. Den ganzen Tag war er mit dem Einrichten seiner Jahrmarktsbude beschäftigt. Wie er jedoch abends in seinem Bett lag, überkam es ihn doch wie Verwunderung, daß die Mutter ihm seinen Wunsch so überreichlich erfüllt hatte. „Was konnte es sein? Gewiß, sie wollte ihn ermorden!" Und als dann seine Großmutter zu ihm ins Zimmer trat, um ihm „Gute Nacht!" zu sagen und noch einmal recht warm zuzudecken, fand sie den kleinen Mann in Todesängsten und von Tränen überströmt. Großmutter holte die Mutter, und nur mit großer Mühe gelang es den beiden Frauen, ihn zu beruhigen. —

Den ersten starken Eindruck empfing Theodor Storm durch die letzte Sturmflut in der Nacht vom 4. auf den 5. Februar 1825. Obgleich die Flut erst nachmittags 3 Uhr eintreten sollte, waren doch schon um 1 Uhr über 100 Häuser mit ihren Kellern und Nebengebäuden mit Wasser gefüllt. Die Bewohner mußten unter Zurücklassung ihrer Habe in den höher gelegenen Stadtteilen ein Unterkommen suchen. Das Brüllen des Sturmes, das ferne Brausen des Meeres, das Schreien der Möwen, das ganze gewaltige Naturereignis machte einen tiefen Eindruck auf den phantasievollen achtjährigen Knaben. Alles dieses hat der Dichter viel später in seinen Novellen „Carsten Curator" und im „Schimmelreiter" niedergelegt.

Theodor war nach Ausspruch seiner Geschwister ein wilder, übermütiger Knabe, dem kein Baum zu hoch und kein Graben zu breit war. Er lernte nach Landessitte mit dem Springstock über die Marschgräben setzen und soll in dieser Kunst eine ziemliche Fertigkeit erreicht haben. Auf einem Esel reitend trabte er auf den mit Muscheln bestreuten Gartenwegen um das hölzerne Bild der Flora herum. Oder er spielte mit seinen Kameraden auf den drei übereinanderliegenden Böden. Vom Dache hing noch das Tau einer Winde herab, an dem früher die Warenballen hinauf und herunter gewunden wurden. Die Jungen stiegen auf den obersten Boden, erfaßten das dicke Tau mit ihren kleinen Händen, und dann ging es in die Tiefe. Mitunter kletterten sie aufs Dach und jagten sich um den Schornstein herum. So soll Theodor einmal, mit seiner kleinen vierjährigen Base Konstanze Esmarch auf dem Rücken, aufs Dach geklettert sein, um ihr von hier aus die vorüberziehenden Schiffe und eine Mühle zu zeigen, die auf der gleich einem Nebelstreifen oberhalb des Wassers hingestreckten Insel Nordstrand ihre Flügel drehte. Doch konnte er auch still und sinnend sein. An warmen Sommertagen konnte man den Unband in den höchsten Zweigen der Birn= und Gravensteinerbäume sitzend sehen, in Spindlers Schauerromanen lesend oder Schillers Gedichte verschlingend.

Einmal in jedem Jahre hielt der große Reisewagen aus Segeberg vor dem alten Familienhause in der „Hohlen Gasse". Frau Elsabe entstieg ihm mit ihrer Kinderschar, um einige Sommerwochen im Elternhause zu verleben. Dann jagte Konstanze Esmarch mit dem Vetter durch Haus und Hof.

Einer seiner wackersten Spielkameraden war „Hans Räuber" — in den Geschichten aus der Tonne hat ihm der Dichter ein Denkmal gesetzt. Den Beinamen „Hans Räuber" hatte sich der Knabe wegen seiner ausgezeichneten Leistungen in dem Spiele „Räuber und Soldaten" erworben. Auch im Erzählen war Hans Meister. Wenn es hieß, „Stücken vertellen", konnte er seine Kameraden vor Lachen und vor Grauen schütteln machen. Am glücklichsten fühlten sich Theodor und Hans, wenn sie in einem heimlichen Schmollwinkel dicht zusammengedrängt saßen und sich Märchen erzählten — dann vergaß Theodor seine unregelmäßigen Verben und was seine Kinderseele sonst noch beschwerte, und Hans die dunkle Kellerstube mit ihrem Lehmboden, auf dem sein schmales Bett stand — bis die helle Sopranstimme der Magd sie aus ihren Träumen zur Wirklichkeit zurückführte. Im Auffinden von Verstecken wurden die beiden Jungens immer erfinderischer — schließlich gelangten sie in eine leere Tonne, die im Packhause unweit der Schreibstube stand. Hier kauerten sie abends zusammen, eine Handlaterne auf dem Schoße, ein paar Bretter über die Öffnung geschoben. Wenn Leute zum Vater gingen, konnten sie sich das aus der Tonne steigende Gemurmel nicht erklären und wurden erst vom Schreiber aufgeklärt.

Außer von Theodor Storms Kindheitsgespielen „Hans Räuber" weiß man nur noch von seinem Freund Olhuus. Sein Vater war Pastor im nahen, nördlich von Husum gelegenen Dorf Hadstadt. Der Knabe hatte zweimal wöchentlich Freitisch bei Theodors Eltern und besuchte in Husum die Gelehrtenschule. An Sonnabendnachmittagen wanderten die beiden Kinder oft zusammen über die Heide dem alten Pastorate zu, das aus dem dunkeln Grün einer Fliederhecke sie schon von weitem grüßte. So viele Jugendfreuden wuchsen im alten Hause und dem großen baumreichen Garten mit der anstoßenden Priesterkoppel. Alles war den Jungen hier erlaubt, nur die hohe Silberpappel durften sie nicht ersteigen — darum geschah es heimlich.

Der Familiensinn wurde in Theodors Elternhause sehr gepflegt — die Woldsen — Storm — Feddersen bildeten zusammen eine große Familie — alle Familienfeste wurden gemeinsam gefeiert, und dann erzählten in heimlicher Dämmerstunde die Großmütter und Großväter den Jungen von den Geschlechtern, die vor ihnen dagewesen, und die Jungen lauschten andachtsvoll. Der Sonntagnachmittagkaffee wurde stets bei der alten Urgroßmutter Feddersen getrunken, auch die Kinder durften zugegen sein. Wenn sie ihren Milchkaffee aus den feinen runden Porzellantäßchen getrunken und sich die nach alten Familienrezepten gebackenen Kuchen vortrefflich hatten schmecken lassen — gingen sie in den seitab, an

der Husumerau gelegenen Garten und tollten auf
den auch dort mit Muscheln bestreuten Wegen,
zwischen den mit altmodischen Blumen bepflanzten
Rabatten umher.

„Muskat-Hyazinthen —
Ihr blühtet einst in Urgroßmutters Garten,
Das war ein Platz weltfern, weit, weit dahinten."

Lena Wies, die Scheherazade seiner Kindheit,
darf nicht unerwähnt bleiben. Eine jüngere Schwester
von Lena war Theodors Kindermädchen; so begann
die Freundschaft. Großmutter Woldsen erzählte
ihrem Lieblingsenkel von seinen Groß- und Urgroß-
eltern und allen denen, die ihre Jugend einst reich
und glücklich machten. Sie saßen dann zusammen in
der alten Lindenlaube — in der das Großmütterchen
einst die Briefe ihres Liebsten las. Auf den mit
Buchs eingefaßten Rabatten dufteten die blutroten
Nelken, Muskathyazinthen und die Rose der Vergangenheit, die Zentifolie. In den Ahornbäumen
schwatzten die Stare. — Aus tiefer Erinnerung
tauchten die Bilder der Ahnen auf — der Enkel
lauschte ihren stillen Worten, bewahrte alles in einem
treuen Herzen und ließ viel später alle die trauten
Gestalten in seinen Dichtungen auferstehen.

Lena Wies war die eigentliche Märchenerzählerin
seiner Kindheit, der er auch viele Mitteilungen aus
Husums Vergangenheit verdankte. An dunkeln
Winterabenden rannte der Junge mit seiner kleinen
Handlaterne im Knopfloch — die ihm nur spärlich
den Weg erleuchtete — die „Hohle Gasse" herunter, und

gleich links in die „Lange Harmstraße" einbiegend, erreichte er bald das kleine Haus mit dem spitzen Giebel, dem weißen Kalkanstrich und grünen Fensterläden. Im Hausflur wurde er von „Perle" mit freudigem Gebell begrüßt, — und wenn Lena mit dem Melken fertig war, saßen alle zusammen im kleinen, warmen Wohnzimmer. Mutter Wies am Spinnrad, der alte Vater rauchte sein Abendpfeifchen, im Beilegeofen brutzelten unter dem Stulp die Bratäpfel, und Lena erzählte dem aufhorchenden Knaben, bis die alte Wanduhr ihr gleichmäßiges Ticktack unterbrach und die zehnte Stunde verkündete. Dann ging's im sausenden Galopp durch die finsteren Straßen heim. Durch die stille Nacht tönte noch lange Lenas helles „Gute Nacht". Alles, was der Dichter in der Novelle „Lena Wies" erzählt, ist Erlebnis.

Mit vier Jahren kam Theodor in die Klippschule zu Mutter Amberger, einer mächtigen, schwer wandelnden Frau, mit energischer Sprache. Er wurde ihr erklärter Liebling, bekam niemals einen Schlag von ihr und hat auch niemals den Schimpfhut — ein halbgeknickter Pappbogen, der auf der einen Seite mit einem Eselskopf geziert war — auf den Kopf bekommen. In dieser Schule, in der Mädchen und Knaben zusammen unterrichtet wurden, blieb Theodor bis zu seinem neunten Jahr. 1826 trat er in die Quarta der Gelehrtenschule, die derzeit nur vier Klassen hatte. Die Schulräume waren kahl und dürftig eingerichtet, mit unbequemen Bänken und einem zerbrechlichen Pult. Der einzige Zierat war eine Landkarte, wenn die bildlichen Darstellungen aus der biblischen Geschichte auf den Platten des Ofens nicht als solche gelten sollen. Die Klassen wurden nur einmal wöchentlich mit einem Staubbesen gereinigt. Die Fenster waren von Staub und Schmutz so blind, daß das Licht nur spärlich durch die kleinen blinden Scheiben eindringen konnte. Theodor Storm gibt uns im Amtschirurgus ein getreues Bild seines Schullebens auf der Gelehrtenschule in Husum.

Die Behauptungen von Fritz Basch (Böttcher Basch), daß der Kollaborator, wenn man ihm grünen Hafer und eine Buchweizenpflanze unter die Nase halte, erklären werde: „Dieses ist der Rübsamen und auf jenem wird wohl die nützliche Kartoffel wachsen!" beruht auf einem wirklichen Vorkommnis.

Theodor mag wohl zuzeiten ein ganz gewissenhafter Schüler gewesen sein — aber zur Zeit der Heideblüte unterlag er oft der Versuchung und nahm statt der Schulmappe den Schmetterlingskescher vom Nagel. Durch mit Hagedorn gesäumte Feldwege, an denen wilde Rosen, blaue Glockenblumen und viele rote und weiße Nesseln blühten, ging sein Weg. Bald schon grüßte ihn der süße Duft der Heide — dann legte er sich wohl im Schatten eines Baumes ins duftende Kraut. Um ihn war das Summen der Bienen und über ihm der Sang der Heidelerche — sonst war alles still. Stundenlang konnte er sich so in Träumen verlieren. Solange die Heide vor der Stadt blühte, trat immer wieder die Versuchung an ihn heran, und immer wieder ließ er sich betören, bis eines Tages der Lehrer zum Vater kam und fragte, ob

Theodor krank sei? Dann hatte es für dieses Jahr
ein Ende mit dem Traum in der Heide.

Der große Tag im Leben der Schule war die
„Redefeierlichkeit" oder, wie man später sagte, „die
Redeübungen", die im Rathaussaale abgehalten
wurden. Die Primaner brachten selbst die Ein=
ladungen von Haus zu Haus. Die Honoratioren
und kleinen Bürger erschienen an diesem Tage mit
ihren Frauen und Töchtern, um den Reden ihrer
Söhne und Brüder beizuwohnen. Der Saal und
das Katheder, auf dem der Redner stand, waren
bekränzt. An den Fenstern entlang stand die Lieb=
haberkapelle, die die Pausen mit Walzern ausfüllte.
Kurz vor seinem Abgang aus der Schule mußte
Theodor auch eine Redeübung vortragen. Er trug
eine eigene Dichtung, „Matathias, der Befreier der
Juden", vor. Sie ist leider verloren gegangen bis
auf Anfang und Ende.

„O Söhne Judas, rächt der Väter Schmach!"

lautet die erste Strophe, und der Schluß:

„Dein Stern ging unter, Judas Stern
Erglänzt in neuer Pracht und brennt,
An deiner Gruft die würdige Todesfackel."

Schon im Jahre 1833 vertraute er seine ersten
kleinen Gedichte einem kleinen Büchlein mit braunem
Lederrücken und Ecken an — es befindet sich noch
heute im Nachlaß. Sie waren noch ohne Inhalt und
nur ein schwaches Flügelprüfen. Das erste Gedicht
ist „An Emma" überschrieben —

„Willst mich meiden,
Grausam scheiden,
Nun ade!
Ach, kein Scherzen
Heilt die Schmerzen
Meines Weh!
Doch was sag' ich,
Doch was klag' ich
Denn um mich!
Gibt's nicht Rosen
G'nug zum Kosen
Ohne dich!

Heut führ' Stine,
Morgen Miene
Ich zum Tanz,
Flatterrose
Reich' dir, Lose
Ich zum Kranz!
Willst mich meiden,
Grausam scheiden,
Nun ade!
Anderer Scherzen
Heilt die Schmerzen
Meines Weh!

Husum, 7. 7. 33.

Die Brautbriefe verraten uns, wer jene Emma war. Ein kleines Mädchen aus Föhr, die Theodor bei einem Besuche bei Verwandten kennen lernte, als er ein zwölfjähriger Knabe war.

In nachgelassenen Blättern erzählt Theodor Storm uns von Husumer Originalen aus seiner Knabenzeit, die dürfen nicht unerwähnt bleiben.

„Unsere Stadt war zu meiner Kinder= und Knabenzeit mit allerlei wunderlichen Gesellen illustriert, die in Erinnerung anderer und ernsterer Geschehnisse mir noch immer wie lustige Hanswürste nebenherlaufen.

Da war zunächst Hans Schmidt, er soll vor meiner Zeit ein hübsches Vermögen besessen haben. Seine Silbermünzen hatte er in einem großen Pulte in Rollen aufgestellt. „Röhrt zu, Jungens!" hatte er gerufen und dabei an sein Pult gestoßen, daß die schweren Speziestaler aneinanderklirrten. Aber er selber hatte sie gerührt, und als sie alle geworden, saß er mit etwas verwirrten Sinnen im Arbeits= oder

Armenhause und sann auf andere Unterhaltung. Es war einer der größten Schrecken meines Kindesalters, als plötzlich eines Vormittags ein rasch sich wiederholendes Klirren und Klingen durch unser Haus ging, dergleichen ich nie gehört hatte. Hans Schmidt hatte sich einen Besen von unserem Flur geholt und damit die ganze Reihe Fenster an der Hausfront heftig eingeschlagen. Vielleicht aus dem sonst nicht mehr zu befriedigenden Bedürfnis, einmal wieder etwas klirren zu hören. In mein Kleinkindergemüt aber traf diese mir unverständliche Szene nur wie ein Stück aus einem Märchen.

Da war ferner Peter Rundum, der den Pfingst- und Michaelismarkt eintrommelte, und Jasum Pingel, der mit der Glocke, die in einem niedrigen Balkengerüst bei dem St.-Jürgen-Stift, dem sogenannten Kloster, hing, bingeln mußte, wozu sonst die großen schönen Glocken unserer ersten alten Kirche dienten. Aber diese Kirche war, angeblich wegen Baufälligkeit, im Jahre 1807 abgebrochen worden, und die zwei größten der drei schönen Glocken, nach denen auch die Kopenhagener, glücklicherweise doch vergeblich, die Hand ausstreckten, harrten in einem Holzverschlage an der Außenmauer des Schloßgartens der Zeit, wo sie nach Dezennien in dem abscheulichen Turm der abscheulichen neuen Kirche wieder aufgehangen wurden. Deshalb aber mußte Peter Rundum trommeln und der andere die „Bingel" ziehen, das heißt die kleinste der drei alten Kirchenglocken, die solcherweise in Gebrauch genommen war.

"Jasum Pingel
Treckt de Bingel
Vör en Kringel
Und en Schnaps"

hörte ich die Jungen singen. Und der Schnaps figurierte nicht umsonst in diesem Volksfest. Der war wohl Jasum Pingels Erdenseligkeit und bereitete ihm jedenfalls auch das Ende dieses Lebens. An einem sonnigen Sommernachmittag, ich entsinne mich dessen deutlich, spielte ich, kaum dreijährig, in unserem Garten, an dessen Nordwestecke ein sich hinter unserer "Neustadt" entlang streckender Weg begann; die Hintergebäude, Ställe und Scheunen der Straße lagen hier hinaus, und ein Düngerberg reihte sich an den anderen. Von dort her hörten meine kleinen Ohren ein Geschrei und Gejohl von Knabenstimmen, aber was es zu bedeuten hatte, blieb mir unverständlich. Erst am Nachmittage erzählte man mir, Jasum Pingel habe auf einem jener Dunghaufen in steifem Rausche gelegen; da hätten die Jungen es nicht lassen können, so lange mit ihren Holzpantoffeln auf ihm zu tanzen, bis sie ihn endlich totgetanzt hätten. So verlor ich schon in frühester Jugend dieses Original.

Dauerhafter waren Holten Fike, auch Holten Kiwiet genannt, und Jürn (Jürgen) Mehlbüdel. Beide sah man wesentlich auf dem großen Marktplatze, wenn, was dreimal in der Woche geschah, dort Wochenmarkt gehalten wurde. Zwischen den Korn= oder Strohwagen der Bauern oder den Butter=

und Käsekörben ihrer Weiber oder ihres Gesindes. Zwischen den städtischen Kunden lief dann sicher Jürn Mehlbübel mit seinem runden, bleichen Kindergesicht und roten Haaren, mit krummen Beinen und seinem unermeßlich langen Hosenspiegel, die Hände in den Taschen, in kleinem Hundetrab einher, um sich nach, Gott weiß, welchem Gewerbe umzusehen, während sein Kamerad, der ebenso schmächtige als kleine Holten Kiwiet, seinem Übernamen gemäß mehr auf einem Flecke blieb und nur den kleinen, blatternarbigen Kopf nach irgend was Erwünschtem hin und wieder drehte, zumal, wenn aus irgendeiner Jungenkehle ein „Holten Kiwiet" ihm um die Ohren flog.

Die wunderlichen Kerle sind allmählich aus meinem Leben verschwunden; ob sie der Welt genützt haben, weiß ich nicht, aber ich würde sie vermissen, wenn sie plötzlich aus meiner Erinnerung verschwänden, denn sie gehören mir zum alten Husum; die beiden letzten — wer weiß es — waren vielleicht auch der ganze Lebensinhalt einer alten Mutter."

Im Herbst 1835 bezog Theodor Storm nach dem Willen seines Vaters die Prima des Lübecker Kathrineums, versehen mit guten Zeugnissen seines alten Rektors Friedrichsen.

2. Kapitel

Das Lübecker Kathrineum stand auf dem Boden neuester Reformen, während der Unterricht in der Husumer Gelehrtenschule noch ganz nach alter Art erteilt wurde. Als Theodor Storm nach Lübeck übersiedelte, stand das Kathrineum unter der Leitung des Direktors Friedrich Jakobsen in hoher Blüte. „Jakobsen betrachtete die Schule als seine Familie und sich als ihren Vater, und wieder der Gegenstand seiner besonderen Fürsorge waren seine Primaner." Einmal wöchentlich versammelte er sie auf seinem Zimmer, las mit ihnen Theokrits Idyllen, und dann sprachen Lehrer und Schüler in lateinischer Sprache über das Gelesene. Ein sehr junger Lehrer, Johannes Classen — er überragte seine Schüler nur um wenige Jahre —, hatte einen starken Einfluß auf den jungen Theodor Storm. Er gab den Unterricht im Deutschen und Griechischen und in der neueren Geschichte und wirkte ganz besonders anregend durch seinen Vortrag über deutsche Literatur auf seine Schüler. Doktor Ludwig Wiese schildert Johannes Classen als einen der edelsten Vertreter des deutschen Schulwesens in den mittleren Dezennien des vorigen Jahrhunderts.

Geibel hatte schon 1834 das Kathrineum verlassen, aber sein liebster Freund, der nachmals so unglückliche Ferdinand Röse, blieb noch ein Jahr mit Theodor Storm zusammen auf der Schule. Sie traten sich bald sehr nahe. Ferdinand Röse war der Sohn eines Schiffsmaklers und lebte in einem alten Hause an der Trave. Auf seinem, mit altväterischem Hausrat eingerichteten Zimmer weihte er Theodor in die Literatur ein. Obgleich sich in dem jungen Husumer schon der künftige Dichter regte, wußte er von den heimischen Dichtern — von der Literatur überhaupt — sehr wenig. Die ganze Prima in Husum besaß zusammen einen Band Gedichte von Goethe. Zu der kleinen Bibliothek seiner Mutter gehörte Goethes „Hermann und Dorothea" und Voß' „Luise" — doch hatte er beides nicht gelesen. Nur sein Schiller, die Dramen und Gedichte, waren ihm vertraut. Im heimlichen Dämmer der weiten Böden, auf dem „Gesundheitspferde" seines Großvaters reitend, las er ihn. Uhland hielt er noch als Primaner für einen mittelalterlichen Minnesänger. Aus der Kabinettsbibliothek der Klassiker waren Theodor Bürger, Hölty und Seumes Dichtungen bekannt. Durch Röse traten ihm Uhlands, Heines und Eichendorffs Dichtungen nahe. Uhlands Balladen ließen ihn zeitlebens kalt, während seine Frühlingslieder ihn entzückten. Es zog wohl kein Frühling ins Land, in dem nicht der Dichter an einem goldschimmernden, veilchenduftenden Frühlingstage seinen Uhland aus dem Glasschranke nahm und mit leiser, wie von Musik getragener Stimme den Seinen vorlas:

> „O sanfter, süßer Hauch,
> Schon weckest du wieder
> Mir Frühlingslieder,
> Bald blühen die Veilchen auch."

oder

> „Süßer, goldner Frühlingstag,
> Inniges Entzücken!
> Wenn mir je ein Lied gelang,
> Sollt' es heut' nicht glücken?"

Zu Eichendorffs Dichtungen trat Theodor in ein sehr nahes Verhältnis, neben Heine gewann dieser große Romantiker den größten Einfluß auf ihn.

Auf seinem Bettrand sitzend, las Ferdinand Röse dem aufhorchenden Freunde Goethes „Faust" vor, der wie eine Offenbarung auf ihn wirkte, und Heines „Buch der Lieder".

„Aus dem verschlossenen Glasschrank, der den Oberteil einer Schatulle bildete, nahm er das Exemplar auf schlechtem Druckpapier, und während wir am warmen Ofen saßen und draußen der Wind durch die Schiffstaue sauste, begann er mit gedämpfter Stimme zu lesen „Am fernen Horizonte", „Nach Frankreich zogen zwei Grenadier'", „Über die Berge steigt schon die Sonne", und so eins nach dem andern, zuletzt „Wir saßen am Fischerhause und schauten nach der See". Ich war wie verzaubert von diesen stimmungsvollen Liedern, es ward Morgen und es nachtete wieder um mich, und als er endlich fast heimlich das Buch fortlegend schloß: „Das Schiff war nicht mehr sichtbar, es dunkelte gar zu sehr", da war mir, als seien die Tore einer neuen Welt vor mir aufgerissen worden." —

Geibel und Röse hatten schon literarische Erfolge aufzuweisen. Im Chamissoschen Musenalmanach waren schon kleine Gedichte, hauptsächlich von Geibel erschienen. Theodor Storm versuchte ein Gedicht, wozu ihm eine Lübecker Sage den Anlaß gab, „Der Bau der Kirche St. Marien zu Lübeck", im Chamisso-Schwabschen Musenalmanach unterzubringen, es wurde abgelehnt. Einige Jahre später fand es Auf=

nahme in Biernatzkis Volkskalender. Während der Studentenferien kehrte Geibel nach Lübeck zurück, und Theodor wurde als Dritter im Bunde von Röse und Geibel in den Freundeskreis aufgenommen. Geibel wurde von den Freunden, die noch das Kathrineum besuchten, mit Freude, aber auch mit einer gewissen Hochachtung begrüßt. Wenn sie ihn in seiner Stube besuchten, und Geibel gerade schreibend oder dichtend an seinem Schreibtisch saß, dann traten sie mit leisen Sohlen ins Zimmer und setzten sich still auf einen Stuhl, bis er die Feder hinlegte und sich mit einem etwas überlegenen Lächeln den Freunden zuwandte.

An warmen Sommertagen oder in von Mondesglanz erhellten Nächten durchstreiften sie das weite Land um die alte Hansestadt herum; oder sie durchschritten die mächtigen Buchenwälder bei Schwartau, einen Band Eichendorffs in der Tasche:

„Und die Wolken, sie reisen,
Und das Land ist so blaß,
Und die Nacht wandert leise
Durch den Wald übers Gras."

War es draußen kalt und stürmisch, so versammelten sich die Freunde auf Geibels, Röses oder Storms Zimmer. Neben anregenden Gesprächen lasen sie sich ihre dichterischen Versuche vor. „Was an eigenen Versen unter solcher Anregung entstand," schrieb Storm später an Ludwig Pietsch, auf die Lübecker Zeit Bezug nehmend — „erscheint mir heute wie ein Flügelprüfen ohne Selbständigkeit, nur her=

vorgegangen aus dem inneren Drange nach künstlerischen Formen und idealer Auffassung des Lebens. Nicht aus dem unabweisbaren Drange, ein bestimmtes Innere gestaltet auszuprägen."

Hier in Lübeck erlebte Theodor Storm seine erste Liebe „aus eigenem Herzen geboren, nie besessen, dennoch verloren" — von der er in seinem jungen Schmerze glaubte, nie genesen zu können. Sie gab ihm auch den Anstoß zu der Novelle „Immensee", in der er sich von der ersten großen Enttäuschung seines jungen Lebens zu erlösen suchte.

Die Reise von Lübeck nach Husum war zu der Zeit weit und beschwerlich, darum verlebte der junge Primaner Theodor Storm das Weihnachtsfest 1835 und 1836 nicht in Husum, sondern bei seinen Verwandten, dem Großkaufmann Scherff in Altona. Außer ihm war noch Therese Rowohl mit ihrer zehnjährigen Pflegetochter Berta von Buchau geladen. Bertas Mutter lebte nicht mehr, der Vater war im Auslande, so hatte er die Erziehung seines einzigen Kindes in die Hände dieser feinen Frau gelegt. Dieses Kind mit blauen Augen, einem Schelmenmund und braunen Locken, machte einen so tiefen und nachhaltigen Eindruck auf den Achtzehnjährigen, daß er in seiner phantasievollen Art beschloß, sie geistig für sich zu erziehen. Auch sie faßte eine kindliche Zuneigung für den jungen Theodor Storm. Er war ihr sehr interessant. Ersann und schrieb er doch kleine Märchen, Rätsel und Lieder für sie und setzte die Lieder gar in Musik, die Berta ihm dann bei seinen häufigen Besuchen in Altona vorsingen mußte.

Bis Ostern 1837 verlebte er fast alle Ferien bei Scherffs in Altona, hauptsächlich, um dem Kinde nahe zu sein. In einem Briefe an Frau Friederike Scherff gesteht er: „und jetzt muß ich Dir das Unbegreifliche sagen, ich habe schon damals das Kind geliebt".

Die Besuche, Briefe, Märchen und Lieder des Freundes bildeten auch in Bertas Leben eine Zeitlang den Mittelpunkt, um den sich alles drehte. Während die Alten im großen Wohnzimmer saßen und plauderten, verweilten sie im kleineren Nebenraum. Er im großen Ohrenlehnstuhl, sie auf seinem Schoße sitzend oder auf einem niedrigen Schemel zu seinen Füßen, das Köpfchen an seine Knie lehnend, und er erzählte:

„Am grünen Teich
Der Knabe so bleich
Sang einsam seine Lieder.
Im Grunde tief
Die Nixe schlief,
Da weckten die Lieder sie wieder.
Hinab, hinauf
Im Strudellauf
Zerteilen sich die Wogen;
Bei Mondeslicht
Ein bleich Gesicht
Kommt still heraufgezogen.
„Lieb Knabe traut,
Es ruft die Braut!"
Leis hat die Nixe gesungen, —

Ein Arm so weiß,
So kalt wie Eis,
Hat bald den Knaben umschlungen.
„Wie wohl, wie warm
In deinem Arm!
Lieb Knabe, laß uns scherzen!"
Die Nixe sang,
Dem Knaben drang
Der kalte Tod zu Herzen."

Mit welch zitternder Ungeduld Theodor auf das Kind wartete, erzählt eine Stelle in dem kleinen Buch mit braunem Lederrücken und Ecken.

„Ich denke daran, wie ich vor Jahren oben auf der Elbstube in dem alten Lehnstuhl der gestorbenen Großtante saß, wie mir der Nachmittag gar nicht hingehen wollte bis zu der Stunde, wo sie mit ihrer Mutter erwartet wurde. Ich hatte aus dem altväterischen Requisitorium allerlei Bücher vor mir aufgestellt und las und las und wußte vor Ungeduld gar nicht, was ich las. Die Nachmittagssonne schien warm ins Stübchen und beleuchtete an den Wänden die alten Kupferstiche. Meine Augen glitten übers Buch im Zimmer umher, und der urgroßväterliche Hausrat des Ganzen versetzte mich in eine wunderbar friedliche Stimmung. Ich dachte mich lebhaft in die Zeit hinein, wo dies von meinen Voreltern gebraucht und besessen wurde. Ich dachte an ihre Feste und an ihre Hochzeiten, wovon mir die Großmutter oft erzählt hatte — es hat einen tiefen Zauber — es zieht uns hinein in die alte Zeit — endlich ging unten die Hausglocke —"

Der altväterische Hausrat, mit dem die Elbstube des Scherffschen Hauses in Altona ausgestattet war, hatte einst seinen Platz in dem geräumigen Hause des Urgroßvaters Friedrich Woldsen in der „Hohlen Gasse".

Und wie die Jahre gingen, wurde das anfängliche Interesse für Berta zur bewußten Liebe, ein Leben ohne sie war für den jungen Studenten nicht mehr denkbar. Im Jahre 1841 entspann sich zwischen ihm und Therese Rowohl ein Briefwechsel, indem er ihr von seiner Liebe zu ihrer Pflegetochter sprach und seine Verhältnisse klarlegte. Sie antwortete: „Die mütterliche Liebe zu meiner Pflegetochter gibt mir allerdings gewisse schöne Rechte, doch habe ich nicht das Recht, über ihre Hand zu verfügen." Sehnsucht und das Verlangen, Gewißheit zu bekommen, trieb Theodor nach Altona zu seinem Freunde Guido Nolte. Am Tage seiner Ankunft ging er in die Kirche, wo er Berta zu finden hoffte. Bald hatte er ihr schmales, bleiches Gesicht herausgefunden und glaubte, daß auch sie ihn erkannt habe. Zum Freunde zurückgekehrt, schrieb er an Berta. Berta liebte den Freund — den leidenschaftlichen Ausdruck seiner Zeilen verstand sie nicht — so verloren sie einander.

Die Spuren, die die Liebe zu Berta von Buchau hinterließ, vermögen wir in Storms Dichtungen weithin zu verfolgen. Eines der schönsten an sie gerichteten Lieder ist: „Du bist so jung", darum möge es an dieser Stelle seinen Platz finden.

„Du bist so jung — sie nennen dich ein Kind —
Ob du mich liebst, du weißt es selber kaum.
Vergessen wirst du mich und diese Stunden,
Und wenn du umschaust und ich bin entschwunden,
Es wird dir sein, wie über Nacht ein Traum. —
Sei dir die Welt, sei dir das Leben mild,
Mög' nie dein Aug' gewes'nes Glück bekunden,
Doch wenn dereinst mein halberloschnes Bild
Lieb oder Haß mit frischen Farben zeichnen,
Dann darfst du mich im Leben nicht verleugnen."

Ein Abgangszeugnis wurde derzeit auf den Schulen noch nicht erteilt, aber eine freie lateinische Arbeit von dreißig bis vierzig Seiten wurde gefordert. Theodor Storm hatte sich als Aufgabe gewählt: Philippo II regnante dilapsae sint Hispaniae opes auctoritasque.

Zum Schluß dieses Kapitels möchte ich noch einmal die Dichter zusammenfassen, die in Lübeck durch Ferdinand Röse einen bleibenden Einfluß auf den jungen Storm gewannen. Es waren dies: Goethes „Faust", Heines „Buch der Lieder", Eichendorffs „Dichter und seine Gesellen" — später auch die übrigen Werke Eichendorffs und Mörickes Gedichte. —

3. Kapitel

Ostern 1837 verließ Theodor Storm Lübeck und siedelte nach Kiel über. Er wählte das Studium der Rechtswissenschaft. „Warum ich mich der Jurisprudenz ergab," schrieb der Dichter später an Emil Kuh, "es ist das Studium, das man ohne besondere Neigung studieren kann. Auch mein Vater war Jurist. Da es das Studium des gesunden Menschenverstandes ist, so wurde ich auch leidlich mit meinem Richteramte fertig. Mein richterlicher und poetischer Beruf sind meistens in gutem Einvernehmen gewesen, ja, ich habe sogar oft als Erfrischung empfunden, aus der Welt der Phantasie in die praktische des reinen Verstandes einzukehren und umgekehrt."

Nach seiner phantasievollen Art hatte sich der junge Student Storm das Studentenleben in den lichtesten Farben ausgemalt, das erste Jahr bereitete ihm jedoch herbe Enttäuschungen. Das deutsche Studentenleben, das seinen Schwerpunkt im Biertrinken und Pauken hatte, erfüllte ihn bald mit Widerwillen. Er fand niemanden im Kreise seiner Kommilitonen, der für seine geistigen Interessen und poetischen Neigungen Verständnis hatte. Wieder flüchtete er sich zu seinem kleinen braunen Büchlein und vertraute ihm die Enttäuschung, die ihm das Studentenleben bereitete, an. "Da bin ich nun," lautet seine Beichte, "seit einem Vierteljahr unter deutschen Studenten selbst ein deutscher Student. Ich hatte mir den deutschen Studenten anders gedacht. Ein Gemisch aus ritterlicher Galanterie, traulicher Heiterkeit, Begeisterung für seinen freien Stand, Geist, Herz und Gefühl für alles Schöne. Aber was fand ich von alledem? Mut, Mut allerdings fehlt dem deutschen Studenten nicht. Aber wo trifft man die schöne jugendliche Poesie des Lebens, die noch unverkümmert ist, von den begrenzenden Verhält=

niſſen des ſpäteren Lebens? Wo die beſcheidene Heiterkeit, die ihn charakteriſieren ſollte und den deutſchen Studenten bei allen guten Menſchen beliebt machen? Ich möchte ſagen, der Kieler, und ich glaube ſagen zu können, der deutſche Student iſt entweder ein Menſch, der viel kneipt und trinkt, alle naſelang auf der Menſur liegt, eben von nichts anderem redet wie von Paukereien, irgendein ſchmuckes Dirnlein an der Hand hält, die Farben einer Verbindung trägt und wenn er ihn hat, einen Schnurrbart und nebenbei ins Kolleg geht. Oder er iſt arbeitſam, eingezogen und einfältig. So ſind nach meiner Anſicht die meiſten deutſchen Studenten. Ich mag den rechten vielleicht noch nicht gefunden haben. Wie ſchmerzlich entbehre ich einen Gleichgeſinnten, der den Klang und die Seele meiner Dichtung verſtehen und erwidern mag. Kiel iſt ſchön, ſehr ſchön, die ſchönſte Stadt im ſchönen Holſtein. Aber allerorten, auf den belebteſten, volkreichſten Spaziergängen wandle ich allein unter den ſchönen Holſteinerinnen."

Während der Studentenferien kehrte Storm nach Huſum zurück, dann entſchädigte er ſich für die Wochen innerer Vereinſamung, und es ging ſehr luſtig in dem alten Hauſe in der „Hohlen Gaſſe" her. Wenn dem in die Hauſtür eintretenden Beſucher gleich aus dem Zimmer rechts Geſang und Muſik entgegentönte, dann wußte er: „Theodor iſt da!" Mit ſeiner um zwei Jahre jüngeren Schweſter Helene ſang er am Klavier, auch unterrichtete er ſie und ihre Freundinnen im Engliſchen und Franzöſiſchen. Mit=

unter las er den Mädchen Märchen vor und zeigte
ihnen Kupferstiche, und wenn dann der Vater
abends nach 7 Uhr aus seinem Kontor kam und sich
zu der fröhlichen Jugend setzte, folgten sie ihm gerne
in sein Kinderland „Westermühlen".

An sonnigen Sommer= oder milden Herbsttagen —
und das waren für Theodor die schönsten Stunden —
saßen Großmutter und Enkel in der Lindenlaube des
Gartens, und sie reisten zusammen ins Land der
Vergangenheit, und Großmutter Woldsen erzählte
selbstvergessen immer wieder von Vater und Mutter,
vom Großvater Friedrich Woldsen, von Tante
Fränzchen und ihrem guten Manne, Simon Wold=
sen. —

Ostern 1838 vertauschte Theodor Storm Kiel mit
Berlin, hier traf er mit seinem Lübecker Freunde,
Ferdinand Röse, zusammen. Auch in Berlin blieb
der junge Träumer einsam. Zu den derzeit lebenden
Dichtern hatte er keine Beziehungen; so blieb das
Jahr in Berlin ohne geistige Eindrücke. Nur drei
Erlebnisse blieben ihm unvergessen, zu denen er rück=
erinnernd gern zurückkehrte. Es war dies eine
„Faust"=Aufführung, der er mit Freund Röse bei=
wohnte. Seidelmann, der den Gipfel seines Ruhmes
erreicht hatte, gab den Mephistopheles. Trunken
vor Begeisterung, kauften sich die Freunde auf dem
Heimweg eine Flasche Ungarwein. Bei diesem
goldenen Trunke sprachen sie sich bis tief in die Nacht
über das Gesehene und Gehörte aus.

Ein anderes Erlebnis gab dem Dichter später den
Anstoß zu einer Szene in „Immensee". An einem

schönen Sommertag machte er mit mehreren seiner
Freunde einen Ausflug nach einer der Havelinseln,
auch junge Frauen und Mädchen nahmen teil. Sie
übernachteten auf der Insel, spät begab man sich zur
Ruhe. Theodor konnte keinen Schlaf finden — er
stand auf und wanderte durch den mondbeglänzten
Wald — zum Wasser. Er stieg ins Boot und ruderte
den seebreiten Fluß hinab. Da erblickte er in der
Ferne eine weiße Wasserrose. Ein heftiges Ver=
langen, sie zu pflücken, ergriff ihn. Er entkleidete
sich und schwamm auf das liebliche Wunder zu —
doch die Wasserrose blieb immer in der gleichen Ent=
fernung. Um die nackten Glieder schlangen sich die
langen, schlanken Stengel und Wurzeln der Wasser=
pflanzen — da gab er es auf und schwamm zu
seinem Boote zurück. Und wie der junge Nacht=
schwärmer wieder auf dem Wege stand und zurück=
blickte, lag die schöne, weiße Blume wie zuvor ein=
sam und leuchtend auf ihren breiten, blanken Blättern.

Im Sommer 1838 machte Storm mit drei
Studiengenossen eine Reise nach Dresden. Sie
wohnten im „Italienischen Dörfchen", einem floß=
artig über der Elbe gebauten Gebäude. Am unver=
geßlichsten blieb ihm die Gemäldegalerie und in ihr
ganz besonders die Sixtinische Madonna. Ihr galt
jeden Morgen der erste Besuch der Freunde, so er=
zählte er später oft seinen Kindern. Tags fuhren
sie die Elbe hinunter und wanderten dann, mit dem
Ränzel auf dem Rücken und dem Stock in der Hand,
in den Bergen der Sächsischen Schweiz umher. Am
Abend gingen die Freunde ins Schauspiel oder in

die Oper. Derzeit glänzte Joseph Tichatschek, und die Sängerin Schröder-Devrient gewann alle Herzen durch ihren Gesang und ihre Anmut.

Im Herbst 1838 kehrte Storm nach Kiel zurück. Diesmal sollte er sich nicht einsam fühlen. In seinen Landsleuten Theodor und Tycho Mommsen (sie stammten aus dem kleinen Städtchen Garding), Klander, Meisterlin, Lübke, zu denen sich noch im letzten Jahre der nachmals als Forscher bekannte Karl Müllenhof gesellte, fand er einen Freundeskreis, der seinem Herzen zusagte und seine Sehnsucht nach Gleichgesinnten erfüllte. Gleiches Interesse für Literatur, Politik und alle schönen Künste verband sie. Seinen beiden derzeit teuersten Freunden Theodor Mommsen und Ferdinand Röse verdankte es der junge Dichter, Kritik vertragen zu können. Noch im Alter erzählte er gern, welch gesunden Einfluß auf sein dichterisches Empfinden die oft erbarmungslose Kritik der beiden Mommsen gehabt habe. Dann zeigte er wohl ein kleines violettes Buch: „Immensee", mit der Randkritik Tycho Mommsens „Lebende Bilder — tote Kunst", und „Die Katze, die der Jäger schoß — Macht nie der Koch zum Hasen"; diese von dem Zauber der eigenen Jugend durchleuchtete Dichtung nannte der Freund „tote Kunst", von der der Dichter später hellseherisch an seine Eltern schrieb: „Und die längst vergangene Zeit, wo ich diese Dichtung schrieb, drängt sich mir mit schmerzlicher Gegenwart wieder auf. Ich muß mich besinnen, daß ich der bin, der das geschrieben, so fern liegt es mir jetzt; aber aus dieser Ferne erkenne ich deutlich, daß dieses kleine Buch eine Perle deutscher Poesie ist und noch lange nach mir alte und junge Herzen mit dem Zauber der Dichtung und Jugend ergreifen wird."

Eines Tages entdeckte Theodor Mommsen die im Jahre 1838 erschienenen Gedichte von Eduard Mörike, dann seinen „Maler Nolten" und „Iris". Diese Dichtungen wurden im Freundeskreise vorgelesen und gemeinsam genossen, sie berauschten sich an ihrer stillen Schönheit. Die Freunde ließen auch andere an ihren Mörike-Abenden teilnehmen, und jeder von ihnen gewann ihm bald eine stille, kleine Gemeinde. Theodor Storm blieb dem schwäbischen Dichter, der in ihm einen sinn- und seelenverwandten Freund erblickte, bis ans Ende seiner Tage treu.

In dem letzten Studienjahr planten die beiden, Mommsen und Storm, die Herausgabe einer Sammlung schleswig-holsteinischer Sagen und Märchen. Zu diesem Zwecke forderten sie durch einen Aufruf in den öffentlichen Blättern der Herzogtümer dazu auf, „Märchen und Lieder zu sammeln und ihnen zu schicken." Überall fanden sie lebhaftes Interesse und brachten auch eine ansehnliche Sammlung zusammen. Später überließen sie die gesammelten Sagen und Märchen ihrem Kommilitonen Karl Müllenhof für seine bekannte Sammlung.

Einige Märchen erschienen in dem von Biernatzki gegründeten Volkskalender für Schleswig-Holstein und Lauenburg 1846 bis 1851. Theodor Mommsen und Theodor Storm waren die ersten Mitarbeiter. „Niemand liefert solche Beiträge wie Sie," schreibt

Biernatzki an Theodor Storm, und bittet ihn zugleich um einen Prosabeitrag. Storm schrieb dann die kleine Prosadichtung „Marthe und ihre Uhr" und setzte damit zuerst den Fuß auf episches Gebiet. Es folgten die Erzählungen „Im Saal", das Märchen vom „kleinen Hävelmann", die Novelle „Immensee" in ihrer ersten Fassung, das Märchen „Stein und Rose", das Fragment „Waldweg", eine Erinnerung an Westermühlen und eine Reihe der schönsten Lieder. Fast alle Beiträge Storms für Biernatzkis Volkskalender sind in dem Band „Sommergeschichten und Lieder" vereinigt. Der Dichter schreibt in seinen Erinnerungen an Eduard Mörike: „Wir waren derzeit eine kleine zersetzungslustige Schar beisammen, die geneigt war, wenig gelten zu lassen."

„Es ist uns etwas Übermut vom Leben nachgeblieben, den haben wir fürs Publikum in Versen aufgeschrieben," bekannte Theodor Mommsen im jugendlichen Überschwang. Obgleich die Brüder Mommsen später mit Geringschätzung auf ihre Lieder aus diesen Jahren zurückblickten, reimten sie derzeit doch lustig drauf los. So entstand „Das Liederbuch dreier Freunde", das Theodor und Tycho Mommsen und Theodor Storm 1842 in Kiel gemeinsam herausgaben.

Manche Erinnerungen aus seiner Studentenzeit hat Storm in seine Dichtungen aufgenommen. Der Sohn des bekannten Kunstmalers Voigt erzählte kürzlich seiner Tochter Gertrud in einem Schreiben folgende kleine Geschichte, die ihm einst sein Vater erzählte: „Es mag um das Jahr 1840 oder 1841

gewesen sein. Vom Markte in die Dänische Straße
einbiegend, sieht der junge Künstler Tycho Mommsen
und Theodor Storm Arm in Arm daherkommen,
von der entgegengesetzten Seite her eine holsteinische
Bauerndirne, etwa so wie Klaus Groth sie im Quick=
born schildert. Da hörte Voigt Theodor Storm sagen:
„Süh mal, dats en richtiges Stutenbotterbrotsgesicht".

Ich schließe dieses Kapitel mit der lustigen Be=
schreibung einer Rückfahrt von Husum nach Kiel mit
anderen Husumer Studenten.

„Am Waldrande, etwa eine Meile hinter unserer
Vaterstadt, sprangen wir alle vom Wagen und
schmückten Pferde und Geschirr mit frischem Buchen=
grün, uns selbst nicht zu vergessen. Der junge
Kutscher meines Vaters, „Thoms Knappe" von uns
genannt, hatte die Fahrt schon mehrfach mitgemacht;
er kannte alle unsere Lieder und sang mit seiner
klingenden Tenorstimme frisch dazwischen, als es jetzt
wieder in das freie Land hinausging. Ich entsinne
mich kaum einer Reise, wo mir die Sonne so ins
Herz gelacht hätte, es war aber auch nicht allein die
Sonne. Zur Seite des rollenden Wagens flogen
die hellsten Genien des Lebens, Hoffnung und
Jugend, mit ihrer weithin leuchtenden Aureole. — Auf
der Hälfte des Weges, in dem großen baumreichen
Dorfe, wo man im Vorüberfahren in des Hardes=
vogts Garten den kleinen Springbrunnen mit der
goldenen Kugel spielen sah, vor dem stattlichen
Wirtshause, dem der mit dunklen Tannen bestandene
Hügel gegenüberlag, wurden die dampfenden Pferde
abgeschirrt und den Herren Studenten das helle

Staatszimmer zur Mittagstafel eingeräumt. Und bald saßen wir alle, Thomas Knappe nicht ausgenommen, um den sauber gedeckten Tisch. Glänzende Schinkenschnitte, Eier und Eierkuchen, und was sonst noch in den hochbeladenen Schüsseln aufgetragen wurde, verschwand mit unglaublicher Geschwindigkeit. Buttermilch wurde nicht getrunken, vielmehr kann nicht verschwiegen werden, daß neben jedem Teller ein tüchtiges Glas Grog seinen erquickenden Dampf versandte, während zur Tafelmusik Finken und Rotschwänze drüben aus den Tannen schlugen."

4. Kapitel

Im Herbst 1842 legte Theodor Storm die juristische Amtsprüfung ab und ließ sich dann als Advokat in Husum nieder. Mit seiner juristischen Tätigkeit nahm der junge Advokat Hans Theodor Woldsen Storm es noch nicht besonders ernst. Vom lustigen Studentenleben ging es fein langsam zum ernsten Leben über. Die Arbeit wurde oft unterbrochen, sei es durch den Besuch eines Freundes, der sich behaglich plaudernd zu ihm ins Bureau setzte — oder um einen Spaziergang in den Garten zu machen, um einmal nach den Spreenkästen zu sehen. Es begann nun ein fröhliches Leben inmitten vieler junger Freunde und Freundinnen und der Geschwister. Theodor Storm war die Seele des kleinen Kreises. Bald gründete er einen Gesangverein, der anfangs aus zehn Damen und acht Herren bestand, es fanden sich aber sehr schnell so viel sangesfreudige Menschen zusammen, daß auch größere Werke aufgeführt werden konnten. Er war ein eifriger und strenger Leiter, hatten die Mitglieder nicht zu seiner Zufriedenheit gesungen, dann schloß er stumm das Klavier, fuhr in seinen Mantel und eilte hinaus. Die verdutzten Sänger schworen, nie wiederzukommen — aber diese Übungsabende waren gar so lustig —, bei der nächsten Singübung waren doch alle wieder vollzählig versammelt.

Theodors Eltern machten ein großes Haus. Im Winter wurden Gesellschaften und Bälle gegeben. Die Gesellschaften begannen derzeit schon um 6 Uhr. Nachdem der mit besonderer Sorgfalt bereitete Tee getrunken war, zu dem nach alten Familienrezepten gebackene Kuchen gereicht wurden, wurden die Spieltische ins Zimmer gestellt, auf denen in silbernen Leuchtern je zwei Kerzen brannten. Die Herren spielten L'hombre, die älteren Damen vereinigten sich zum Whistspiel, die Jugend vergnügte sich mit Vingt-un und Landsknecht. Um 10 Uhr ging es erst zu Tische. Die Mahlzeiten wurden mit kräftigen Reden und Rundgesängen gewürzt. Die Lieder, die gesungen wurden, waren noch dieselben wie zu Großmutters Jugendzeit. „Kaiser Karl, de har en Perd, dat wer ne olle Stute, op enen Oge wer se blind, dat anner wer rein ute" oder: „Auf der Brücke zu Paris, da sitzen die Herren von St. Mathies, sie sitzen da in Gloria und trinken von solcher Materia." Während des Refrains: Materia, Materia, mußte jeder seiner Reihe nach sein Glas leeren. Nach dem Abendessen

vereinigten sich die Alten um eine dampfende Bowle
Punsch. Die Jugend schob schnell Tische und Stühle
beiseite und gab sich dem heiteren Tanze hin. Die
einzelnen Paare stellten sich zum Menuett gegen=
über. Die Mutter setzte sich ans Klavier, und nach
der Melodie aus Mozarts Don Juan „Du reizest
mich vor allem" wurde der zierliche Tanz aufgeführt.
Theodor verdrängte bei der Jugend bald das
Kartenspiel, indem er ihr geistige Anregung gab.
Er erzählte Märchen oder las aus der neuen Litera=
tur vor und suchte sie für seine Lieblingsdichter
Eichendorff, Heine und Mörike zu interessieren. Mit=
unter regte ihn der Sturm, der ums Haus toste, zu
Spukgeschichten an. Die Lichter wurden gelöscht, und
die jungen Mädchen drängten sich eng zusammen,
um das Grauen zu meistern. Es wurde so still, daß
man vom Hafen her das Brausen des Meeres ver=
nehmen konnte. Die rechte Spukgeschichtenstimmung
war geschaffen, und Theodor Storm begann: „In
einem uralten verfallenen Schlosse lebte einst ein
armes, altes Gespenst!"

Im Sommer 1843 gesellte sich zu dieser Fröhlich=
keit ein sonniger Gast, Konstanze Esmarch, Theodors
um acht Jahre jüngere Base, die aus Segeberg zum
Besuche ins alte Familienhaus einkehrte. Nach dem
Urteil ihrer Zeitgenossen war sie eine herrliche
Frauengestalt, von großer Schönheit. Sie war von
unergründlicher Herzensgüte, mit ihrem Frohsinn
und liebevollen, kindlichen Herzen gewann sie alle,
die ihr nahetraten, im Sturm. „Wir leben in Saus
und Braus, liebe Mutter," schrieb Konstanze nach

Hause. Doch waren ihre Vergnügungen so bescheidener Art, daß die heutige Jugend sie kaum als solche gelten lassen würde. Es wurde ein Spaziergang nach Hockensbüll gemacht, einem eine halbe Stunde von Husum entfernten Dorfe, und bei „Trina von Hockensbüll" in dem niedrigen, strohgedeckten, von einem grünen Grasgarten umgebenen Hause Kaffee getrunken. Oder sie wanderten — drei Pärchen, Johannes Storm und Rieke Jensen, Helene Storm und ihr Verlobter und Konstanze Esmarch mit Theodor — nach dem nahen Dorfe Rödemis. Dort besuchten sie den alten Kutscher Johann Kasimirs — „Thomas Knappe" und seine Frau. Diese waren immer auf den Besuch ihrer jungen Herrschaften gefaßt und bewirteten sie mit Kaffee und selbstgebackenem Kuchen und Zwiebäcken. Der Rückweg wurde wohl durch die Marsch genommen, um aus den Gräben einen Strauß der dunkelblauen Sumpfvergißmeinnicht zu pflücken. Zur Zeit der Pflaumenreife ließ Vater Storm anspannen und die junge Gesellschaft nach Schwabstedt, einem großen, waldreichen, an der Treene gelegenen Kirchdorfe — fahren. In dem mit einem alten, wetterbraunen Strohdach gedeckten Kirchspielkrug kehrten sie ein. Die Gäste fanden neben bäuerlicher Behaglichkeit billige Preise, frische Butter zum selbstgebackenen Brote und goldgelben Rahm zum wohlgekochten und geklärten Kaffee.

Nachdem man sich im Garten am duftenden Kaffee erfrischt hatte, wurde auf dem seebreiten Fluß gerudert, Seerosen gepflückt und alte, liebe Volkslieder gesungen. Zum Schluß kehrten alle noch einmal zu Peter Behrens zurück, um die voll goldener Früchte hängenden Pflaumenbäume im Grasgarten tüchtig zu plündern.

Als der Winter seinen Einzug hielt, war der sonnige Gast Konstanze noch immer in der „Hohlen Gasse" und gedachte auch das selige Kinderfest, Weihnachten, in Husum mit Vettern und Basen zu verleben. Wie sie sich während der Bescherung am Weihnachtsabend, von Heimweh übermannt, aus dem Weihnachtszimmer ins Wohnzimmer schlich, in dem nur noch ein fast erloschenes Lichtstümpfchen brannte, erzählt Theodor Storm in seiner Novelle „Unter dem Tannenbaum", und auch wie er seinem Mühmchen nachging und sie tröstete. Diese Stunde war, wie Theodor Storm später selbst erzählte, der Anfang ihrer Zuneigung. Anfangs, so erzählte Konstanze ihren Freundinnen, habe sie Theodor gehaßt, aber bald wandelte sich der Haß, und unmerklich wuchs aus ihm eine wundervolle Blüte — die echte, wahre, große Frauenliebe, die bis zu ihrem Tode in ihrem edlen Herzen lebte. An einem Januartage des Jahres 1844 machten Konstanze und Theodor einen Spaziergang. Sie gingen zur Stadt hinaus auf den Deich. Es war ein köstlicher Wintermorgen. Weither klangen die Rufe der Seevögel, der Wind strich über die weite, morgenhelle Ebene, und die Wellen rauschten leise ans Land. Still wanderte das junge Paar in den hellen Morgenschein hinein, und wie sie heimkamen, hatten sie sich ihr Herz geschenkt.

Konstanzens Mutter, Theodors zärtlich geliebte

Tante Elsabe, wußte sich keinen lieberen Schwiegersohn. Wie oft hatte sie ihn in zarter Kindheit gepflegt, wie viele sonnige Sommerwochen verlebte Theodor als Knabe und später als Student in Segeberg. Der Garten am See, in dem Jasmin und Flieder und Konstanzens geliebte dunkelrote Rosen blühten, war für Theodor und Konstanze ein ewig unvergessener Aufenthalt. Die Vorliebe für Jasmin und Flieder und dunkelrote Rosen ist dem Dichter vielleicht aus diesem Märchengarten verblieben.

„Lau wird die Luft — wie hold die Düfte wehen,
Mit Rosen ist der Garten überschüttet,
Auf allen Büschen liegt der Sonnenschein.
Die Bienen summen, und ein Mädchenlachen
Fliegt süß und silbern durch den Sommertag."

Das ist der Garten am See und Konstanzens Lachen. — Nur der etwas schwerlebige Vater Storm nahm die Verlobung ein wenig sorgenvoll auf. Und zwar lagen seine Bedenken in dem Charakter seines Sohnes, der nach seiner Meinung launenhaft war. Trotzdem schreibt er Konstanzens Vater: „Das Fortkommen des jungen Paares scheint mir, soweit menschliche Voraussicht geht, ziemlich gesichert. Er ist gescheit und arbeitssüchtig, und wenn er mit Anstrengung dran geht, kann ihm, wenn ich noch einige Jahre lebe, die gesicherte Existenz nicht fehlen."

Nach einigen Wochen kehrte Konstanze nach Segeberg zurück. Theodor schrieb täglich an seine Braut, in dem innigen Bestreben, sie geistig für sich zu erziehen. Er verwandte viel Zeit und Sorgfalt auf

seine Briefe, durch die er sie in ihren Ansichten zu
erweitern und aufzuklären strebte. Er betrachtete
diesen Briefwechsel als ein Hauptmittel, geistige Be=
ziehungen zwischen sich und seiner Frau zu schaffen.
Deshalb brachte er unerschöpflichen Stoff über
Musik, Poesie, Leben und Gesellschaft und was sonst
noch für Anregungen, um Konstanze zu veranlassen,
sich gründlich in ihren Briefen zu entwickeln und
auszuschreiben. Auf diese Weise wurde für ihr künf=
tiges Zusammenleben ein Reichtum von Beziehungen
geschaffen und ein gemeinsames Erkennen und Ver=
ehren des Schönen. Diese Briefe sind die schönsten
Denkmäler ihrer Liebe. Sie zeigen das Ringen
zweier edler tiefer Naturen um Vereinigung und
Heiligung durch die Liebe. —

1845 kaufte Vater Storm seinem Sohn ein ge=
räumiges, altes Haus, es blickte auf eine enge Straße,
die Neustadt; aber hinter dem Hause erstreckte sich
ein großer, mit Ulmen und Linden umstandener
Garten. Theodor und Helenens Verlobter, Ernst
Lorenzen, bezogen es schon im Herbst 1845. Die
Möbel, mit denen sie ihre Zimmer vorläufig ein=
richten wollten, suchten sie sich in der „Hohlen Gasse"
auf den drei übereinanderliegenden Böden aus Ur=
großmutters Hausrat zusammen. Eine den Eltern
befreundete alte Dame, „Tante Brick", führte Theodor
Storm den Haushalt, bis sich seine Konstanze zu ihm
gesellte. In Dämmerstunden erzählte „Tante Brick"
Theodor Storm aus ihrem, an Erlebnissen armen
Leben — aus diesen stillen Worten entstand dann
später des Dichters erste Prosadichtung „Marthe und

ihre Uhr". Von nun an wiederholte sich in Theodors Briefen oft der Satz „ich habe heut' im Garten gewirtschaftet", oder „ich hab' wieder ein Stündchen im Garten gearbeitet". Es gehörte zu seinen schönsten Erholungen, den Garten selbst im Sinne seiner Konstanze anzulegen.

Er legte Rasen an und pflanzte Gebüsch und junge Obstbäume und Sträucher. Jasmin und Flieder und rote Rosen wurden nicht vergessen. Auch eine Jelängerjelieber=Laube wurde angelegt, in der sie an schönen Sommerabenden sitzen wollten.

Im Weihnachtsbriefe 1845 konnte er seiner Dange — so nannte Theodor in stillen Stunden seine Konstanze — versprechen, daß sie das kommende Weihnachtsfest als seine Hausfrau mit ihm zusammen verleben würde.

Am 16. September 1846 wurde in Segeberg eine stille Hochzeit gefeiert. Noch am selben Abend um 9 Uhr fuhr vor dem alten Giebelhause auf der Neustadt in Husum ein Reisewagen vor, dem das junge Paar entstieg. Vor der Haustür stand Tante Brick und streckte ihnen mit herzlichen Worten beide Hände entgegen, so hatten sie sich den Empfang gewünscht, ganz still. In dem ganz in weißem Stuck gehaltenen Gartensaal hatte Mutter Storm ihnen ein kleines schmackhaftes Abendessen bereitgestellt. Die Tür nach dem Garten war weit geöffnet. Der Mond schien durch das dichte Gezweig der Ulmen und Linden. Astern und Levkojen leuchteten aus dem Dämmer des Gartens, und die Reseden sandten den Liebenden ihren süßen Duft ins Zimmer.

„Ist wohl das Märchen auch, das uns umschloß,
Der Kindheit letzter wunderbarer Rest?"

Die ersten Jahre ihrer jungen Ehe flossen still und friedlich dahin. Das Sommerleben spielte sich im schönen lichten Saal ab, aus dem einige Stufen in den Garten führten. Die Tür, die ins grüne Laubgewirr führte, war stets geöffnet, damit Blumenduft und Vogelsang freien Einzug hatten. Im Winter, wenn der Schnee stäubte, oder der Nebel wie mit schweren grauen Tüchern auf den Dächern lag, Baum und Strauch verhüllend, war es gar zu behaglich im kleinen Wohnzimmer links am Flur. Eine rote Damasttapete bedeckte die Wände; aus einem Ausbaufenster konnte man nach beiden Seiten die Straße hinuntersehen. Gegenüber, auf der andern Seite des Flures, lag ein bescheidenes, kleines Zimmer, in dem der junge Advokat seine Klienten empfing. Am Abend wurde vorgelesen oder musiziert. Die Sonntage verlebte das junge Paar in der „Hohlen Gasse" bei den Eltern. Im Sommer wurde der Nachmittagstee im Lusthause unter dem alten Ahornbaum, in dem noch immer die Stare schwatzten, eingenommen.

Auch eine Gesellschaft gaben Theodor und Konstanze schon bald. 33 Personen wurden geladen. Das einfache Festessen, von dem Konstanze stolz ihren Eltern berichtet, bestand aus: einem Auflauf, belegten Butterbroten und einem Linzerkuchen — einem derzeit beliebten Gebäck. Aus dieser behaglichen Stimmung heraus entstand 1849 die Dichtung

„Im Saal", 1850 „Immensee", das Märchen von Hinzelmeier (eine nachdenkliche Geschichte) „Posthuma", „Ein grünes Blatt". 1851 erschien zum ersten Male im Verlage von Alexander Dunker ein Büchlein unter dem Titel „Sommergeschichten und Lieder" — „Eine Sammlung von Versen und Poesie von Theodor Storm". Weil der Band seiner Konstanze gewidmet war, gab ihm der Dichter den Titel „Sommergeschichten". In diese Zeit fällt auch die Entstehung des plattdeutschen Gedichtes „Gode Nacht". Zwei Jahre später sandte Klaus Groth ihm seinen Quickborn. Der Quickborn wurde die erste Anknüpfung mit Groth und Speckter, aus der eine herzliche Freundschaft mit den beiden Männern entstand. Die Sommergeschichten hingegen wurden die Brücke zu dem schwäbischen Dichter Eduard Mörike. Mit diesem dichterischen Erzeugnis „Eine Botschaft alter Liebe", von dessen Wert Theodor Storm tief innerlich überzeugt war, wagte er es, sich dem Meister zu nahen. Wenn Mörike auch erst nach 2½ Jahren dankte, so schloß sich diesem ersten Briefe doch ein Briefwechsel an, der mehr als 10 Jahre fortgeführt wurde.

Der 25. Dezember 1848 bescherte Theodor und seiner Konstanze eine seltene Gabe, einen zarten Knaben, der in der Taufe den Namen Hans erhielt. Ihm folgte am 30. Januar 1851 ein zweiter Sohn Ernst. „Es ist eine eigene Sache, zwei Söhne zu haben," schreibt Storm seinem Freund Brinkmann, „ich hab' mich auch noch nicht hineinfinden können, werde es auch nicht, solange die Seele in meinem zweiten kleinen Kind nicht etwas deutlicher erwacht ist. Soviel aber weiß ich, ich werde sie beide lieben, sie und ihre Mutter, mit jedem Tag mehr!"

Endlich brausten die politischen Stürme auch über die kleine Küstenstadt und unterbrachen jäh den stillen Frieden in dem alten Giebelhause, von dem der Dichter sang „das Leben fließet wie ein Traum, mir ist wie Blume, Blatt und Baum". —

Christian VIII. von Dänemark starb, und sein fast schwachsinniger Sohn Friedrich VII. folgte ihm in der Regierung. Er war ganz in der Gewalt seiner Minister und des Pöbels, die ihn in seinem Entschluß, Schleswig von Holstein zu trennen, bestärkten und immer mehr hineindrängten. Die allgemeine Entrüstung forderte den Krieg gegen Dänemark, das die bestehende Staatsorder umstürzen wollte. Wie ein einziger Schrei hallte es durch die Herzogtümer: „Frei von Dänemark und ein selbständiges Herzogtum unter dem Augustenburger!" Alle Schleswig-Holsteiner fühlten sich nur noch als Brüder und Dänenfeinde. Große Volksversammlungen an allen Orten verrieten den Ernst der Lage. Die Kieler Studenten bewaffneten sich, einer nahm in Ermangelung einer anderen Waffe eine Forke, ein anderer nahm das Schlächterbeil seines Wirtes, und es kam der denkwürdige Tag (24. März 1848), an dem unter Führung des Prinzen von Noer die starke Festung Rendsburg von nur 400 Schleswig-Holsteinern ohne Schwertschlag und Schuß genommen wurde. —

Im Jahre 1848 stellte der Husumer Gesangverein seine Übungen ein — in dieser Stimmung erstarb die

Freude am harmlosen Gesange. Theodor Storms patriotisches Empfinden litt sehr. Er gehörte nicht zu den patriotisch veranlagten Menschen, doch besaß er ein stark ausgeprägtes Gefühl für soziale Freiheit.

„O, wanke nicht, du feste Heimaterde," flehte der Dichter.

„Das Land ist unser, unser soll es bleiben." Mit Hilfe des Deutschen Bundes gelang es den Schleswig-Holsteinern, die Dänen aus dem Lande zu vertreiben, aber schon 1850, nach der für die Dänen siegreichen Schlacht bei Idstedt wurden die Herzogtümer dänischer Besitz. Der mißglückte Sturm auf Friedrichstadt am 4. Oktober 1850 war das Ende des traurigen Feldzuges. Während der Belagerung von Friedrichstadt herrschte die ungeheuerste Aufregung in Husum.

Knaben und Mädchen zogen singend durch die Straßen. „Gott ist stark auch in den Schwachen, wenn sie gläubig ihm vertraun, zage nimmer, und dein Nachen wird trotz Sturm den Hafen schaun." Aus allen Häusern hörte man das derzeit populärste Volkslied erschallen „Schleswig-Holstein meerumschlungen, wahre treu, was schwer errungen, bis ein schönrer Morgen tagt." Die Kinder trugen Kränze in den Händen, mit denen sie ihren Befreiern die Stirne kränzen wollten. Am Abend, spätestens in der Nacht mußten sie ja kommen.

„Schon hatten wir zu festlichem Empfang,
Mit Kränzen in der Hand das Haus verlassen.
Wir standen harrend ganze Nächte lang;
Doch nur die Toten zogen durch die Gassen."

Ja, Hunderte und Hunderte von Verwundeten zogen in Husum ein. Noch durch die Stille der Nacht hörte man die Wagen rollen.

Österreich und Preußen entwaffneten die schleswig-holsteinische Armee. Der Friedenszustand begann und mit ihm die rücksichtsloseste Dänenherrschaft. Das ganze Land wurde mit dänischen Beamten, geistlichen und weltlichen, überflutet, wer ihnen hierbei im Wege stand, mußte das Feld räumen. Wer ein deutsches Lied sang, ein Bild des Herzogs von Auguftenburg im Hause hatte, die Farben blau-weiß-rot trug oder Schleswig-Holstein mit einem Bindestrich schrieb, galt als Hochverräter und wurde als solcher bestraft. Die schleswig-holsteinische Fahne mußte versteckt werden. Nach den Mitteilungen einer noch lebenden alten Dame trug Theodor Storm seine Fahne auf den nahen Friedhof und pflanzte sie auf das Grab gefallener Schleswig-Holsteiner.

„In diesem Grabe, wenn das Schwert zerbricht,
Liegt deutsche Ehre fleckenlos gebettet!
Beschützen konntet ihr die Heimat nicht;
Doch habt ihr sterbend sie vor Schmach gerettet."

Theodor Storm stand bei den Dänen in dem Rufe, er rase vor „Patriotismus". Er nahm allerdings kein Blatt vor den Mund, denn Menschenfurcht war ihm fremd. Wie die Schleswig-Holsteiner fortan in der Heimat wie in der Fremde lebten, gibt sein Gedicht „Im Herbst 1850" wieder, das in dieser Zeit entstand. Doch hellseherisch sieht der Dichter das Kommende voraus.

„Denn kommen wird das frische Werde,
Das auch bei uns die Nacht besiegt,
Der Tag, wo diese deutsche Erde
Im Ring des großen Reiches liegt."

Viele Leute, hauptsächlich die Bauern der Umgegend, kamen zu Theodor Storm, um seine Hilfe gegen die dänischen Behörden anzurufen, die er ihnen unerschrocken im weitesten Umfange angedeihen ließ. Er legte nun seine Praxis nieder und half dafür seinem Vater in seiner juristischen Tätigkeit. Auf die Frage der Oberjustiz-Kommission „Warum er nicht praktiziere?" soll er geantwortet haben: „Obgleich ich mich bei den politischen Bewegungen nicht betätigte, ist mein Gefühl und meine Überzeugung dennoch auf seiten der Heimat, das ich am wenigsten verleugnen will, wo diese Sache vollendet und verloren ist!"

Im Jahre 1852 wurde Theodor Storm von der dänischen Regierung seine Advokatenbestallung kassiert. Er bewarb sich nun in aller Herren Länder um eine Anstellung. Endlich auch in Preußen, dort nahm ein ehemaliger Schulkamerad Markus Niebuhr seine Sache in die Hand, als preußischer Kabinettsrat war er nicht ohne Einfluß auf den König. Das Weihnachtsfest 1852 verbrachte der junge Dichter in Berlin.

„Die fremde Stadt durchschritt ich sorgenvoll,
Der Kinder denkend, die ich ließ zu Haus"

spiegelt die trübe Stimmung dieses sonst so frohen

Festes wider. Seine Gedichte, die schon in der „Vossischen Zeitung" besprochen worden waren, hatten ihm hier schon einen Freundeskreis in Theodor Fontane, Paul Heyse, Franz Kugler, Friedrich Eggers und anderen erworben. Friedrich Eggers und Theodor Fontane führten Storm gleich bei seinem ersten Besuche in Berlin in den „Tunnel über der Spree" ein. (Ein im Jahre 1827 gegründeter literarischer Verein.) —

Am 7. Juni 1853 schenkte Konstanze ihrem Manne einen dritten Sohn Karl.

Der Justizminister Friedberg fragte an, ob der Advokat Theodor Storm zur Erwerbung der nötigen Kenntnisse bereit sei, bei einem Kreisgericht wenigstens sechs Monate ohne Gehalt zu arbeiten. Die Frage wurde freudig bejaht. Am 17. Oktober 1853 kam die königliche Order, die ihm zugleich die Wahl des Wohnortes freiließ. Er wählte Potsdam, vielleicht, um in der Nähe seiner literarischen Freunde zu leben. Das liebe alte Haus an der Neustadt, mit dem grünen Garten wurde nun verkauft. An einem goldschimmernden Herbsttage hielt der Reisewagen vor der Tür, in den Theodor Storm mit seiner Konstanze und den drei Knaben einstiegen — aber „es war die Fahrt der Heimat abgekehrt". Noch einmal sahen sie das Meer schimmern und hörten die Wasservögel rufen. Was er in dieser Stunde an Schmerz empfand, legte der Dichter in dem ergreifenden Gedichte „Abschied" nieder. Seinem jüngsten Sohne Karl ruft der Vater am Schlusse des Gedichtes schmerzerfüllt zu:

„Und du, mein Kind, mein jüngstes, dessen Wiege
Auch noch auf diesem teuren Boden stand,
Hör' mich! — denn alles andere ist Lüge —
Kein Mann gedeihet ohne Vaterland!
Kannst du den Sinn, den diese Worte führen,
Mit deiner Kinderseele nicht verstehn,
So soll es wie ein Schauer dich berühren,
Und wie ein Pulsschlag in dein Leben gehn!"

Möchten auch heute diese Worte in der Seele jedes wahren Deutschen ihren Widerhall finden. Mit dem festen Glauben an eine Heimkehr und in dieser Zuversicht das Heimweh bekämpfend, verließ Theodor Storm die graue Stadt am Meer.

5. Kapitel

Die ganze Familie begab sich zunächst nach Segeberg zu Konstanzens Eltern. Noch einmal durchstreiften Theodor und Konstanze die im vielfarbigen Herbstschmuck glänzende, vertraute Gegend, oder sie lagen an den sonnigen Abhängen des Kalkberges, den kräftigen Herbstduft einatmend. Am 28. November fuhr Storm nach Potsdam voraus, um mit Hilfe der Freunde eine Wohnung zu mieten. Das Potsdam um die Mitte des vorigen Jahrhunderts war noch rings von Festungsmauern umgeben, und die Wohnungen waren meist sehr bescheiden. Storm fand in der Brandenburger Straße, dicht beim

Brandenburger Tor eine Wohnung, es war ein Eckhaus, gegenüber lag die militärische Wache. So konnten sie schnell ins Freie und in den Park von Sanssouci kommen, der derzeit noch seinen ursprünglichen Rokokocharakter hatte und viele einsame Partien, wohin sich so leicht kein Wanderer verirrte. Auf diesen einsamen Wegen ersann Theodor Storm seine aus Heimweh und Sehnsucht gesponnene Novelle: „Im Sonnenschein". Aus den sechs Monaten, die Theodor Storm ohne Gehalt am Kreisgericht in Potsdam arbeiten sollte, wurden drei bitter schwere Jahre. Aus dem sicheren Wohlstand herausgerissen, begann nun der jahrelange Kampf mit der Not des Lebens. „Die Nahrungssorge ist ein ordinäres Leid," klagte Theodor Storm. „Halte dich möglichst vom Heimweh fern!" schrieb der Vater aus Husum. Doch die Sehnsucht nach dem ewigen Meere, dem Schrei der Seevögel, den grünen Marschen und weiten Heiden blieb sein steter Begleiter.

Am 10. Dezember 1853 wurde Storm als Assessor ohne Gehalt und Stimme beim Kreisgericht in Potsdam eingeführt. Das preußische Recht war ihm völlig fremd, und die Arbeit, sich darin zurechtzufinden, war wahrhaft ungeheuerlich. So geriet er allmählich in eine Stimmung, in der er nirgend Licht sah und sich mit allem Neuen, das auf ihn eindrang, in heller Verzweiflung herumschlug; doch mit eisernem Willen überwand er bald alle Schwierigkeiten und fand sich zurecht. Zu seinen Kollegen gewann Storm bald ein herzliches Verhältnis, sie besuchten sich gegenseitig zum Tee, und dann kam auch die Musik und Dichtkunst zu ihrem Rechte. Doch die liebsten Freunde, die ihnen am meisten geistige Anregung boten, hatten Theodor und Konstanze in Berlin. Es waren dies: der Kunsthistoriker Franz Kugler, der Maler Adolf Menzel, Theodor Fontane und der junge Poet Paul Heyse, der sich schon damals durch seine feine Dichtung „La Rabiata" einen Namen erworben hatte. Theodor Storm schildert den jungen Dichter Paul Heyse „als die hübscheste, poetischste und geistvollste Erscheinung, die ihm je vorgekommen sei." Fontane erzählt in seinem „von 20 bis 30": Mit Zöllner und Eggers, die ganz vorzüglich zu ihm paßten, war Storm ganz intim. Während sich ein gleich herzliches Verhältnis zwischen ihm und mir trotz beiderseitig besten Willens nicht herstellen wollte. Wir waren zu verschieden. Storm wurde nun auch Mitglied „des Tunnels über der Spree" und erhielt in ihm den Necknamen „Tannhäuser". Es wurde Theodor Storm das Glück zuteil, den seit seiner Jugend verehrten Dichter Eichendorff kennen zu lernen. Franz Kugler lud ihn auf seine Bitte mit Eichendorff zusammen ein. „In seinen stillen blauen Augen liegt noch die ganze Romantik seiner wunderbar poetischen Welt," schreibt er entzückt seinen Eltern. Eichendorff erzählte an dem Abend eine selbsterlebte Spukgeschichte, die Theodor Storm später oft und oft wiedergegeben hat.

Das Jahr 1856 brachte manchen Lichtstrahl. Die Aufführung der „Schneewittchen-Szene" im Friedrich-Wilhelmstädtischen Theater zu Berlin, eine Reise zu Eduard Mörike und am 10. Juni die er-

sehnte Lisbeth, die ihren Namen nach der Lisbeth
in Immermanns „Münchhausen" erhielt. Im Som=
mer kamen die Eltern auf mehrere Wochen zum
Besuch. Es war seit dem schmerzlichen Abschied im
Herbst 1853 das erste Wiedersehen. Im Anschluß
daran luden die Eltern Theodor zu einer Reise über
Erfurt, Frankfurt nach Heidelberg ein. In Heidel=
berg holte Theodor Storm sich einen Brief von
Mörike von der Post, in dem er schrieb: „Jeder Tag,
an dem es taget und nachtet, ist gut, wenn er Sie
bringt." Wie herzlich er in Mörikes Hause auf=
genommen wurde, und wie Mörike seine Hand er=
greifend, zu Frau Margarete gewandt, ausrief:
„Gell, Alte, so haben wir ihn uns ungefähr vor=
gestellt!" — und wie dann später, noch am hellen
Nachmittag, die Vorhänge vor den Fenstern zu=
gezogen wurden und Mörike seine eben vollendete
zarte Dichtung „Mozarts Reise nach Prag" vorlas —
das alles erzählt uns, rückerinnernd, der Dichter in
seinen „Erinnerungen an Eduard Mörike".

Trotz allem Freundlichen, das auch in Potsdam
in ihr Leben trat, konnten Theodor und Konstanze
sich dort nicht heimisch fühlen. Die Arbeit war zu
groß und die Sorgen. Es blieb dem Dichter keine
Zeit und Kraft für dichterische Arbeiten und für das,
was ihn interessierte. War mitunter ein Kollege zu
vertreten, dann gab es eine Zeitlang Diäten, die
zwischen 25 bis 40 Talern monatlich schwankten. Im
übrigen war die Familie auf die tätige Hilfe des
Vaters und auf die Feder des Dichters angewiesen,
doch Konstanze war eine vortreffliche Hausfrau. Sie

wußte in Gemeinschaft mit ihrem Manne die schmalen Mittel, die ihm zu Gebote standen, so einzuteilen, daß alles, was zum Leben gehörte, stets in genügender Menge im Hause war.

Doch seine Muse gesellte sich nur noch selten dem Dichter, so heiß er ihre Nähe ersehnte. So entstand 1855 „Angelika" und 1856 die Humoreske „Wenn die Äpfel reif sind".

Im Sommer 1856 reiste die ganze Familie zum Besuch in die Heimat. Es erfüllte Theodor Storms Herz wie mit einem unfaßbaren Glück, daß sein Fuß die teure Heimaterde wieder betreten solle. Er bat den Vater schon im Frühling, den Garten diesmal recht reich und lieblich zu besäen, und malte es sich in freien Augenblicken unermüdlich aus, wie er im blumenreichen, elterlichen Garten umherwandeln wolle.

„Endlich," schrieb Theodor Storm aus Husum an Ludwig Pietsch, „in der köstlichen Heimat, in den hellen, trauten Räumen des elterlichen Hauses. Das steht doch noch alles, und ich genieße es, sowie die heimatliche See in vollen Zügen." Um das Glück dieser sonnigen Sommerwochen zu erhöhen, erhielt Storm in Husum seine Ernennung zum Kreisrichter in Heiligenstadt.

An einem der letzten Tage ging Theodor Storm mit wehem Herzen an seinem Garten auf der Neustadt vorüber. Die Lindenzweige hingen noch wie damals über die schwarze Planke. Eine starke Sehnsucht, in den Garten der Vergangenheit zu treten, überkam ihn. —

„Noch einmal blicken wollt' ich in den Raum,
Darin ich sonst so festen Fußes ging. —
Nicht weiter kam ich, siedend stieg mein Blut,
Mein Aug' ward dunkel, Grimm und Heimweh
stritten
Sich um mein Herz, und endlich leidbezwungen
Ging ich vorüber, ich vermocht' es nicht."

Storms Wunsch, in einer kleinen Stadt angestellt zu werden, war nun erfüllt. Gleich nach der Rückkehr aus der Heimat ging der Umzug von Potsdam nach Heiligenstadt vor sich. Sie wurden nun die Mieter des jungen Otto Storm, Theodors Bruder, der im gleichen Jahre in Heiligenstadt eine Gärtnerei eröffnet hatte.

Heiligenstadt war noch rings von einer Stadtmauer umgeben, deren drei Tore um 10 Uhr abends geschlossen wurden; wer nach der Zeit noch in die Stadt wollte, mußte einen Schilling entrichten. Heiligenstadt liegt im Tal, die Berge gucken von allen Seiten in die Stadt. Die Heiligenstädter waren sehr arm, die meisten Häuser waren noch von Lehm gebaut, nur einige gute Häuser lagen dazwischen. Trotzdem standen sie in dem Rufe, ein lustiges Volk zu sein. Als Theodor Storm in Begleitung seines Vaters um die Abenddämmerung in die Stadt einfuhr, zog gerade eine große Schützengilde mit Musik und Lärm durch die Straßen. Diese Fröhlichkeit mutete den Dichter gleich heimatlich an. „Wir befinden uns offenbar in „Seldwyla", schrieb Storm seiner Konstanze, die noch in Potsdam mit dem Umzug beschäftigt war. „Wir haben," schreibt er an Ludwig Pietsch, „die schöne Gegend unmittelbar vor der Tür und überall in der Nähe die romantischen Schlucbteneinsamkeiten nach Eichendorff, wirklich zum Teil von wundersamer Stille und Poesie." —

Das Leben gestaltete sich nun immer traulicher für die „Familienvagabunden", wie sie sich selbst scherzend nannten. Es waren aus verschiedenen Provinzen Beamte nach Heiligenstadt versetzt, und weil sie alle Fremdlinge waren, schlossen sie sich um so fester zusammen. Besonders eng schlossen Theodor und Konstanze sich an ein junges Ehepaar ihres Alters, Rechtsanwalt Schlüter, an. Sie trafen jeden Sonntag zusammen, dann wurde gelesen und musiziert. Mitunter fuhren die beiden jungen Ehepaare mit Schlüters Fuhrwerk in der waldreichen Gegend von Heiligenstadt umher, so nach dem eineinhalb Meile entfernten „Göttinger Gleichen". Dann setzte Theodor Storm sich wohl versonnen auf einen alten Mauerüberrest und schaute durch den Wald ins Tal, und sein Blick suchte Gellenhausen und dort das Amthaus, in dem vor achtzig Jahren Bürger seine unsterbliche „Leonore" ersann.

Der Landrat von Wussow zeigte Storm eines Tages in seinem Gewächshaus seine vielfarbigen Hyazinthen. Beim Abschied sprach er den Wunsch aus, mit Storm in nähere Beziehungen zu treten. Wie gern hätte er, der den klugen, warmherzigen Mann gleich ins Herz geschlossen hatte, mit ihm angeknüpft. Aber es fehlte ihm das Geld für eine „anständige Abendschüssel", auf die er die neuen

Freunde wenigstens zu Anfang einmal glaubte, ein=
laden zu müssen. Diese Not beichtete er seinem
Vater, worauf sofort 10 Taler für „die Abendschüssel"
abgesandt und mit Jubel empfangen wurden. Bald
darauf heißt es in einem Briefe an die Eltern in
Husum, „für jetzt ist unsere „Hohle Gasse" bei Wus=
sows, wo wir uns, wann wir Lust haben, unseren
Nachmittagstee holen, wo wir immer und unter
allen Umständen willkommen sind und die einzige
Gefahr darin besteht, daß wir nicht wieder fort=
kommen". Auch ein „Römischer Abend" wurde ge=
gründet in der Weise, daß sich etwa zwanzig
Familien zusammentaten und jeden Donnerstag bei
Tee und Kuchen zusammenkamen. Ein altes Fräu=
lein von Kaysenberg hatte solche Abende in Rom
mitgemacht und ihnen den Namen gegeben.
1857 gründete Theodor Storm wieder einen Ge=
sangverein und war nun wieder ganz in seinem
Elemente, nur, daß er jetzt ein geduldigerer Dirigent
war als in stürmischer Jugendzeit. Es kamen auch
größere Aufführungen, wie der „Paulus" von
Mendelssohn, zur Aufführung. Alle Stände waren
in dem Verein vertreten. Wer eine gute Stimme
hatte und Freude am Gesange, wurde aufgenommen.

Die amtliche Tätigkeit in Heiligenstadt war nicht
groß. Storm war Bagatellrichter und außerdem
Mitglied des Schwurgerichtes. Auch stand ihm ein
tüchtiger Referendar zur Seite. So blieb ihm auch
Zeit für seine Familie und seine Muse.

Die Knaben wuchsen heran. Der Vater be=
schäftigte sich so viel mit ihnen, wie seine Zeit es

irgend erlaubte. Seit sie in Heiligenstadt waren, durften die älteren Kinder beim Nachmittagstee und dem Abendessen zugegen sein. Theodor Storm war der Ansicht, daß es für die geistige und moralische Entwicklung der Kinder von großem Vorteil sei, täglich einige ruhige Nachmittagsstunden im ungestörten geistigen Verkehr mit den Eltern zusammen zu sein. Der Nachmittagstee wurde um 4 Uhr getrunken. Es gab Tee ohne Zucker und trockenes Brot — meistens wurde gelesen. Theodor Storm soll einmal zu einem Lehrer seiner Söhne geäußert haben: „Ich verlange von meinen Kindern keinen Gehorsam, Gehorsam ist eine Hundetugend!" Doch der Gehorsam verstand sich einfach von selbst. Es wäre keinem seiner Kinder eingefallen, den Eltern den Gehorsam zu verweigern. „Meine Kinder sollen meine Freunde sein," sagt Theodor Storm. Es herrschte ein tief innerliches Verstehen und ein unbedingtes Vertrauen zwischen Eltern und Kindern. Das Vertrauen war so groß, daß der kleine Karl in früher Kindheit einmal seinen Vater fragte, „nun kannst du mir wohl sagen, wie Gott die Welt geschaffen hat". Storm gab seinen Jungen den ersten Unterricht, auch im Latein. Er war kein geduldiger Lehrer, denn seine Kräfte waren sehr begrenzt. Der Unterricht endete meist mit einem erregten „Flegel!" Auch hatte er ein sehr loses Handgelenk. In solchen Augenblicken sagte Konstanze, die stets vor einem gehäuften Korb voll zerrissener Kinderwäsche saß, „Theodor, das kann ich nicht ertragen!" und verließ das Zimmer. Dann wieder konnte er kindlich froh mit seinen Kindern sein. Beim erwachenden Frühling wurden Ausflüge in die Wälder und Berge gemacht. Die Jungen mußten Holz sammeln und von der nahen Quelle, die den Fels hinuntersprang, Wasser holen. Dann wurde unter alten Buchen ein Feuer entzündet und Kaffee gekocht und Flinsen, eine Art Eierkuchen, gebacken. Wenn dann die Kinder, ermüdet vom Spiel im Walde, heimwärts gingen, wurde nach Versen gewandert, die der Vater ersann. So zum Beispiel:

„So steigen wir den Berg hinan,
Der große und der kleine Mann,
Und ich, der Vater, geh' voran."

Mit großen Veilchensträußen in den kleinen Händen kamen sie heim. In Heiligenstadt entstand eine duftige Novelle nach der andern. 1858: „Auf dem Staatshof"; 1859 bis 1862: „Späte Rosen", „Drüben am Markt", „Veronika", „Auf der Universität".

„Meine Muse hat lange geschwiegen, jetzt scheint es noch einmal zu fließen," schreibt Storm seinen Eltern. Und ein anderes Mal, „ich glaube meine Seele wird wieder jung, denn was ich in Jahren nicht vermochte, ich mache wieder Verse!" — „Meine Gedichte habe ich nicht gemacht, sie waren da" — bekannte er seinem Sohne Ernst. An den Novellen aber hat der Dichter ernstlich arbeiten müssen, besonders in Heiligenstadt. Später hat er darin eine größere Meisterschaft errungen. Jede seiner Novellen verlangte täglich vier bis fünf oder fünf bis sechs Arbeitsstunden.

In Heiligenstadt konnten Storms, weil das Holz teuer war, im Winter nur ein Zimmer heizen. In diesem Zimmer spielte sich das ganze Familienleben ab. Darin arbeiteten die Großen und spielten die Kleinen. Auf Tisch und Stühle setzte sich eine ganze Kinderbande. Denn wenn die Schularbeiten beendet waren, kamen die Kinder von Bäcker Herold und dem Kondukteur Burchhardt, und es wurde mit großem Geschrei ein Kartenspiel, „Tod und Leben", gespielt. In diesem betäubenden Lärm schrieb der Poet seine Novellen. 1861 entstand die Novelle „Im Schloß", 1863 bis 1864 „Abseits" und „Unterm Tannenbaum". Weihnachten 1863 wurde dem Dichter die Fähigkeit zur Märchendichtung zuteil. Hans und Ernst hatten zu Weihnachten Märchen von Hauff und Hackländer bekommen. Als Storm in den Feiertagen den Kindern daraus vorlas, wurden plötzlich mehrere der schönsten Märchenmotive in seiner Dichterseele lebendig. Vater und Kinder erkrankten an den Masern. Mit Papier und Bleistift stieg der Dichter ins Bett und schrieb in der verhangenen Stube in zwölf Tagen das Märchen: „Die Regentrude", während das zweite Märchen: „Bulemanns Haus" schon im Kopfe fertig war. Ein drittes Märchen: „Der Spiegel" (der Spiegel des Cyprianus) wurde nicht beendet, weil die Zustände in der Heimat sein Gemüt so erregten, daß er nicht imstande war, eine neue Dichtung zu entwerfen. Am 5. November 1863 starb der Dänenkönig Friedrich VIII.

Theodor Storm jubelte:

"Die Schmach ist aus, der eherne Würfel fällt
Jetzt oder nie, erfüllet sind die Zeiten,
Des Dänen Totenglocke gellt,
Mir klinget es wie Osterglockenläuten.
Die Erde dröhnt, von Deutschland weht es her,
Mir ist, ich hör' ein Lied im Winde klingen,
Es kommt heran schon, wie ein brausend Meer —
Um endlich alle Schande zu verschlingen." —

Als im Dezember 1863 die Bundestruppen die Grenzen der Herzogtümer überschritten und sie besetzten, regte die Hoffnung wieder leise ihre Flügel, und sie träumten nur von Heimkehr. Als dann nach siegreichem Vorgehen am 5. Februar 1864 die Preußen und Österreicher die Dänen zum Rückzuge zwangen und am 19. Februar die erste Stadt Jütlands besetzten, war Schleswig für die Dänen verloren.

In den letzten Februartagen richtete die wieder frei gewordene Vaterstadt Husum den Ruf an Theodor Storm, zurückzukehren und das Amt eines Landvogtes zu übernehmen. Es war Grundsatz der neuen Regierung, die vertriebenen Schleswig-Holsteiner bei Besetzung der Beamtenstellen zu bevorzugen. Als Theodor Storm die heißersehnte Botschaft empfing, sah er sich ergriffen im Kreise seiner Lieben um, und es drängte sich ihm die bange Frage auf: "Wen von euch soll ich dafür zum Opfer bringen?" Da ihm die preußische Regierung die Aussicht auf einen etwaigen Wiedereintritt und einen längeren Urlaub verweigerte, trat er aus dem preußischen Staatsdienste aus.

Von Heiligenstadt schieden Theodor und Konstanze wie von einer zweiten Heimat. „Gestern abend hielten wir Konzert," schrieb Storm in seinem letzten Brief aus Heiligenstadt an die Eltern, „Die Zerstörung Jerusalems", worauf wir fünfviertel Jahr geübt haben. Als ich zuletzt den prächtigen Chor von über 56 Sängern, den ich gestiftet, dirigierte, als so alle Blicke an meinem Stäbchen hingen, und die Tonwellen nun zum letzten Male aus begeisterter Menschenbrust brausend hervorströmten, da mußte ich mein Herz in beide Hände fassen, um nicht in Tränen auszubrechen. Auch ich sang noch und sang aus bewegtem Herzen und mit mächtiger Stimme: „Du wirst ja dran gedenken, denn meine Seele sagt es dir!" —

6. Kapitel

Am 12. März 1864 traf Theodor Storm mit seinem Hans in Husum ein, während Konstanze mit den übrigen Kindern noch einmal den Frühling in den Bergen verlebte. Er mietete in der Süderstraße ein schmales Haus, dessen Räume so beschränkt waren, daß die Amtszimmer der Landvogtei im Stall untergebracht werden mußten. Hinter dem Hause erstreckte sich ein langer, schmaler Garten, aus dem ein Pförtchen auf eine Ulmenallee führte, hinter der die grüne Marsch lag. Nach langen

Jahren hatten sie nun wieder einen Garten, in dem die Kinder spielen und die Eltern sich nach getaner Arbeit im Abendsonnenschein ergehen konnten — Hand in Hand, wie sie es liebten. In diesem Garten blühten Jasmin und Flieder, Rotdorn und rote Rosen, und in den Wipfeln der alten Bäume schlugen die Drosseln. —

Beseligt wanderten Theodor und Konstanze die Wege der Kindheit und genossen das Heimgefühl und Zusammenleben mit Eltern und Geschwistern mit dankerfülltem Herzen.

Als Theodor Storm 1864 nach Husum zurück= kehrte, war der Krieg mit Dänemark noch nicht be= endet. Er wurde jedoch nur noch geführt, um Über= griffe Dänemarks gegen Schleswig=Holstein zurück= zuweisen. Die deutschen Truppen, die die Exekution gegen Dänemark ausführten, benahmen sich in Schleswig=Holstein nicht als Feinde, sondern als Freunde. Im Oktober 1864 wurde Schleswig=Hol= stein von Dänemark an Preußen und Österreich ab= getreten. Aber erst der Krieg 1866 brachte eine end= gültige Entscheidung. Österreich mußte seine Hälfte von Schleswig=Holstein an Preußen abtreten. Schleswig=Holstein wurde preußische Provinz. Das Amt des Landvogtes wurde aufgehoben. Theodor Storm blieb auf seinen ausdrücklichen Wunsch als Amtsrichter in seiner Vaterstadt.

Ein einzig armes Jahr war es Konstanze ver= gönnt, mit Eltern und Geschwistern in der Heimat zu leben. In einem Briefe an seinen Sohn Hans erzählt uns der Dichter — Konstanze schlummerte

schon in der alten Familiengruft auf dem St. Jürgen=
Friedhofe — von den unvergeßlichen Sommer=
wochen, die er 1864 mit Konstanze und den Kindern
bei Bruder Johannes in Hademarschen verlebte.
Von einem Spaziergang in den morgenfrischen
Wald erzählt er dem Sohne: "Wir waren an einem
Sommertage mit Onkel Johannes, Scherffs und den
Kindern vor Tisch ins Gehölz gegangen. Wir
kletterten über Wälle, und ich fing Mutter mit meinen
Armen auf. Auf dem Rückwege hatte sich alles um
uns verloren, und wir beide gingen Hand in Hand
durch den stillen Sonnenschein — zögernd, um nicht
zu bald dieses Glück zu verlieren. Das, mein Kind,
waren wirklich selige Augenblicke, und sie sind oft und
immer wieder aus der Werktäglichkeit des Lebens
hervorgebrochen. Keine Braut hat wohl je ihren
Bräutigam so entzücken können, wie ihr süßes Antlitz,
ihr ganzes schönes Wesen in solchen Stunden mich
entzückte, nachdem sie schon euer aller Mutter war.
Wohl mir, daß ich sie erkannte und geliebt habe, da
sie noch lebte, wenn menschliche Schwäche in mir sie
auch manches Mal kränkte."

Mit leichtem Herzen meldete Theodor Storm am
4. Mai 1865 die Geburt des vierten Töchterchens.
Nach wenigen Tagen schon konnte er seiner Kon=
stanze, an ihrem Bette sitzend, aus Reuters "Strom=
tid" vorlesen. Aber nach vierzehn Tagen wurde die
Wärterin gewechselt. Sie kam von einer jungen
Frau, die im Kindbettfieber gestorben war, und über=
trug die Ansteckung auf Konstanze, und sie konnte
nimmer wieder aufstehen. — Am Abend des 19. Mai

bat Konstanze ihren Mann: „Laß mich noch einmal die schöne Gotteswelt sehen." Er sank an ihrem Bette nieder und rief in ausbrechendem Schmerze: „Konstanze, du mußt sterben!" Aber dann nahm er sie auf seine Arme, trug sie sorgsam ans Fenster und ließ sie in den lichten Frühlingsgarten blicken, in dem die Vögel sangen und Maiglöckchen und Flieder ihren süßen Duft verhauchten. So nahm sie Abschied von der schönen Gotteswelt, die sie so sehr geliebt.

Die vier ältesten Kinder mußten zur „Gute Nacht" zu ihrer Mutter kommen — sie sah sie nur still und herzlich an und drückte ihnen die Hand. Nur zu ihrem Sohne Ernst, einem vierzehnjährigen Knaben, sagte sie: „Gute Nacht, mein Sohn, ich sterbe!" Ihr jüngstes Kind behielt sie bis zum letzten Augenblick im Arm.

Nach und nach schliefen alle Geräusche im Hause ein, es wurde ganz still, nur Theodor saß noch allein am Bette der geliebten Frau. Morgens sechs Uhr, ihre Hand in der seinen, entschlief sie.

„Das Todesstöhnen war hart und schwer, zuletzt aber ward es sanft wie Bienengetön, dann plötzlich in vernichtender Schönheit ging eine wunderbare Verklärung über ihr Antlitz, ein sanfter, blauer Glanz wandelte flüchtig durch die gebrochenen Augen, und dann war Friede."

Am andern Tage wurde sie von Freunden in den Sarg gelegt und am 24. Mai morgens 4 Uhr zur Gruft getragen. Es war ein wunderbarer Frühlingsmorgen, die Vögel jubilierten, und im Garten blühte der Rotdorn und weißer Flieder. „Ich weiß noch," erzählte später rückerinnernd der Dichter, „daß der unvergeßliche Frühlingstag mich damals in meiner Trauer sanft umfing." Zu Hause zurückgekehrt, setzte der Vereinsamte sich ans Klavier und spielte stundenlang. Die Musik wirkte beruhigend auf sein verwundetes Gemüt. Auch seine Muse reichte dem Dichter ihre verklärende und erlösende Hand und schenkte ihm am Abend das erste Gedicht der Liederreihe

„Tiefe Schatten."

In der Gruft bei den alten Särgen
Steht nun ein neuer Sarg,
Darin vor meiner Liebe
Das süßeste Antlitz sich barg.

Den schwarzen Deckel der Truhe
Verhängen die Kränze ganz;
Ein Kranz von Myrtenreisern,
Ein weißer Syringenkranz.

Was noch vor wenigen Tagen
Im Wald die Sonne beschien,
Das duftet nun hier unten,
Maililien und Buchengrün.

Geschlossen sind die Steine,
Nur oben ein Gitterlein;
Es liegt die geliebte Tote
Verlassen und allein.

Vielleicht im Mondenlichte,
Wenn die Welt zur Ruhe ging,
Summt noch um die weißen Blüten
Ein dunkler Schmetterling.

Die Übungen im Gesangverein wurden kein einziges Mal ausgesetzt. „Das weiß freilich keiner, was in mir vorgeht, wenn ich bei dem schönsten Chorgesang mich umsehe, und meine Augen sie suchen und nimmer finden," schrieb Theodor Storm seinem Schwager Esmarch.

Im Hause schien die Sonne nicht mehr, an Stelle der Mutter waltete nun eine Fremde. Theodor Storm war seinen Kindern fortan Mutter und Vater. Er trug das Herz aller seiner Kinder und hätte, wenn es möglich gewesen wäre, für jedes von ihnen sein Herzblut hingegeben. Sie konnten ihrem Vater alles anvertrauen, was ihr kleines Herz bedrückte und wessen sie bedurften, und sicher sein, daß sie immer und unter allen Umständen verstanden wurden. „Du weißt wohl," tröstete er manches Mal, „daß still im Hintergrund dein Vater steht!" Und wie die Kinder heranwuchsen, brachte er oft Opfer, die seine Kräfte überstiegen, um sie zu tüchtigen Menschen zu erziehen. Doch er führte sie auch ins Land der Poesie, und manchem von ihnen ist es zeitlebens schwer geworden, darüber hinaus ins wirkliche Leben zu blicken. —

Der Kunstkritiker und Schriftsteller Ludwig Pietsch war im Sommer 1865 der Gast des russischen Dichters Turgeneff in Baden-Baden. Er erzählte ihm von seinem nordischen Freund Theodor Storm und dem großen Verlust, der ihn betroffen. „Er muß zu uns kommen," rief Turgeneff aus, „und natürlich bei uns wohnen." Einsamkeit und das

quälende Rätsel des Lebens trieben Theodor Storm
rastlos umher, nirgend fand er den Frieden. „Wer
Konstanze geliebt hat," schrieb er Ernst Esmarch,
„dem muß, nachdem er sie verloren, wie einem Ver=
dammten zumute sein." In diese Dunkelheit brach
wie ein Lichtstrahl Turgeneffs Einladung.

Vierzehn köstliche Herbsttage verlebte Storm in
Baden=Baden mit Freund Pietsch, Turgeneff und
dessen Freunden, der Sängerin Pauline Garcio
Viardot und ihrem Mann, dem französischen Schrift=
steller Viardot. In den Morgenstunden wanderten
sie in den Bergen und zwischen den mächtigen
Schwarzwaldtannen einher. Auf allen Bergen und
Wäldern webte der feine, blaue Septemberduft. Wie
hätte der Dichter diese Schönheit genossen, wenn er
ein gesundes Herz in der Brust getragen hätte.

Die Sehnsucht nach seiner Kinderschar trieb den
Vater bald wieder heimwärts. „Ich bin zwar nicht
Jupiter," sagte Turgeneff beim Abschied, „aber ich
sage doch, so oft du kommst, sollst du willkommen
sein." Auf dem Rückwege besuchte Storm den Land=
rat von Wussow in Arnstadt, der inzwischen von
Heiligenstadt nach dort versetzt worden war. Bei
diesen vertrauten Freunden, die auch seine Konstanze
gekannt und geliebt hatten, fühlte er sich recht an
Leib und Seele erfrischt, und ein wenig ruhiger
kehrte er in sein vereinsamtes Zuhause zurück.

Nachdem Theodor Storm aufgehört hatte, un=
aufhörlich in den Abgrund zu starren, der die geliebte
Frau verschlungen hatte, überkam es ihn wie ein un=
faßbares Glück, daß es noch eine Liebe für ihn gab,

die nie etwas anderes begehrt hatte, als einzig ihn. Es war die Kindheits- und Jugendgespielin seiner Schwester Cäcilie, Dorothea Jensen. Sie mußte, nach des Dichters eigenen Worten, mit der Liebe für ihn zur Welt gekommen sein. Sein Hausstand verkam, die Kinder waren wie eine Herde ohne Hirten, und unser Dichter bedurfte, um wirklich leben zu können, der Frauenliebe. Konstanze war tot — Dorothea Jensen lebte. Einst in gesunden Tagen sprachen Theodor und Konstanze von ihrem Tode. Konstanze sagte, „wenn ich sterbe, dann mußt du Do heiraten, ihr möchte ich am liebsten meine Kinder anvertrauen." So nahm er sie ganz in der Stille an sein Herz und in sein Haus.

Am 13. Juni 1866 wurden Theodor Storm und Dorothea Jensen in dem alten Pastorat in Hattstett bei Husum, in dem für Theodor so viele selige Kindheitserinnerungen lagen, — getraut. Ein ehemaliger Schulkamerad, Pastor Herr, vollzog die Trauung. Am Nachmittage fuhr das Ehepaar für einige Tage nach Westermühlen, dem Kinderparadies des alten Johann Kasimir Storms. In der ländlichen Stille wollten sie sich Mut und Kraft für das nun zu beginnende Leben holen.

„Seit vierzehn Tagen waltet die kleine Do in meinem Hause wie ein guter, kleiner Hausgeist," schreibt Storm seinem Freunde Brinkmann, „sie tut schwere Arbeit und tut sie mit großer Liebe und Hingebung. Für mich wird an der Seite dieser milden Frau wohl noch ein stiller Abendschein anbrechen — wenn es auch Herbst ist und die Blätter fallen!" —

Das Haus in der Süderstraße wurde bald zu eng für die große Familie. Storm kaufte sich nun in der Wasserreihe, die auf den Deich hinausläuft, ein geräumiges Haus mit einem freundlichen Garten. „Die Dichtung meines Stübchens ist nicht die schlechteste," berichtet er seinem Sohne Hans, der inzwischen die Universität Kiel bezogen hatte. Es war auch ein echtes Poetenstübchen, die tiefroten Wände — an denen rings die Bücherregale liefen — paßten gut zu der geschnitzten dunkeln Eichendecke, das einzige Fenster hatte den Blick in den Garten. Im Frühling nickten weiße Holunderblüten ins Fenster, und in der Lindenlaube vorm Hause konnte der Vater vom Schreibtisch aus seine Kinder spielen sehen. Im Winter glitt der Blick über beschneite Bäume und Sträucher, und wenn der Sturm am Fenster rüttelte und die Hängelampe über dem Tisch brannte, hatte die Behaglichkeit im Zimmer den Höhepunkt erreicht.

In der Dämmerung durften auch die Kleinsten ein Stündchen zum Vater in die Studierstube kommen, dann zeigte er ihnen Bilder, malte Katzen und Kätzchen oder erzählte ihnen Märchen.

Der Dichter fürchtete, mit Konstanze sei auch seine Muse schlafen gegangen. Zwei Jahre schwieg sie auch, dann schrieb er in zwei Monaten zwei Novellen „Eine Malerarbeit" und „In St. Jürgen", dann stockte wieder der Quell der Dichtung. „O, nur ein wenig frischer Wind, um ihn für euch, meine geliebten Kinder zu gebrauchen!" brach's wie ein Schrei aus sorgenvollem Vaterherzen.

Hans und Ernst besuchten die Universität, Karl

studierte Musik, zu Hause blieben noch fünf Töchter. Do stand ihrem Mann in allen Nöten des Lebens tapfer zur Seite; doch aus dem stillsten Leben in dies bewegte Haus verpflanzt, vermochte sie sich anfangs nicht zurechtzufinden. Eine quälende Angst, den Anforderungen des Tages nicht gerecht werden zu können, bedrückte ihr Herz so schwer, daß sie nahe daran war, gemütskrank zu werden. Erst die Geburt des einzigen Kindes (4. November 1868) löste die Schwermut. Das Problem der Stiefmutter hat Theodor Storm in seiner Novelle "Viola Tricolor", die auch zu Konstanzens Gedächtnis geschrieben ist, behandelt und sich damit erlöst.

Frau Do fand sich immer besser und tiefer in das bewegte Leben des kinderreichen Hauses hinein. Der gesellige Verkehr beschränkte sich nicht mehr nur auf die Familie. Man lebte in Husum nach Goethes Schatzgräberspruch "Tages Arbeit — Abends Gäste — Saure Wochen — Frohe Feste." — Aufführungen des Gesangvereins, Vorlesungen in der Aula des Gymnasiums — Gesellschaften und Bälle wechselten im bunten Durcheinander.

Die Nachmittagsteestunde um 4 Uhr erreichte allmählich einen gewissen Ruf. Wenn Storm nach beendetem Mittagsschlafe, immer mit einem Buche in der Hand, erfrischt ins gemeinsame Wohnzimmer trat, fand er oft schon einen kleinen Freundeskreis versammelt. Im Winter wurden bei einbrechender Dunkelheit zwei bescheidene, kleine Petroleumlampen auf den Tisch vor dem Sofa gestellt und der Tee in die bereitstehenden Tassen geschenkt. Natürlich summte auf den gehörig durchglühten Torfkohlen der blankgeputzte Teekessel, und man begann zu plaudern. Zum Tee wurde nie etwas anderes gereicht, als feine Schnitten Butterbrot von weißem oder schwarzem Brote, dann sagte der Dichter wohl scherzend zu seinen Gästen: „Ick bee se um Gottes willen, Fru Pastor, eeten Se noch en Botterbrot." War der Tee getrunken, dann las Storm meistens vor, sei es ein Brief von „Meister Gottfried" aus Zürich oder eine neue Dichtung von Freund Jensen oder Paul Heyse. Theodor Fontane erzählte von ihm: „Es klang immer, als würde das, was er vortrug, aus der Ferne von einer Violine begleitet." Die Tassen mußten während des Lesens auf dem Tische stehen bleiben und der Kessel sein uraltes Lied summen, auch richtete der Dichter wohl an den einen oder anderen seiner Gäste die Frage, ob er bequem sitze. Mitunter wurde auch musiziert, besonders wenn seine jungen Freundinnen und Karl, der stille Musikant, zugegen waren.

Auch fremde Gäste erweiterten oft den heimatlichen Freundeskreis. So Klaus Groth aus Kiel, Wilhelm Jensen und Hermann Heiberg aus Schleswig mit ihren Frauen, der Maler Magnussen aus Hamburg mit seinen Töchtern, Hans Hopfen und Paleske. Wilhelm Jensen hatte schon als Knabe Theodor Storm in begeisterten Versen gehuldigt. „Mein Dichtungsflämmchen hat sich an Ihrer Flamme entzündet," gesteht der Dichter. Später gingen ihre Arten auseinander.

Im Jahre 1869 gab Theodor Storm unter dem Titel „Hausbuch Deutscher Dichter" eine Sammlung von Gedichten heraus. Die Arbeit brachte ihm mancherlei Beziehungen. So auch zu dem österreichischen Dichter Julius von der Traun. Im behaglichen Studierzimmer, beim Scheine der Hängelampe und verhängtem Fenster, wurde das reiche Material gesichtet und mit Frau Dos und der erwachsenen Kinder Hilfe abgeschrieben. So flog auch aus der Stille des Poetenstübchens ein Brief an den Reichsrat Alexander Schindler nach Wien. Julius von der Traun war sein Dichtername. Die Antwort blieb nicht lange aus. Aus diesem ersten Briefe erwuchs eine warme Freundschaft. Der österreichische Dichter lud schon sehr bald seinen „nordischen Freund" auf sein von einem gigantischen Kranz der Alpen umgebenes Schloß Leopoldskron ein, das eine Viertelstunde von Salzburg liegt. Wie gern wäre der Dichter der Einladung gefolgt, aber es fehlten ihm die „silbernen Flügel". „Vielleicht," schreibt Theodor Storm seinem Sohne Hans, „schlüge nach einer solchen Reise — denk' dir 3—4 Wochen Sommerfrische auf einem Ahnenschlosse und der Dichter ein Poet, wie ich — mein Pegasus noch einmal seine Flügel; da es mir pro futuro düster ist, wie alles werden soll, muß ich diesen anmutigen Traum zerfließen lassen." Aber dann gab das Honorar für die „Zerstreuten Kapitel" doch noch die silbernen Flügel. Im August 1872 begab sich Theodor Storm frohgemut auf die Reise. Die Fülle der Eindrücke, die der Dichter empfing, war zu groß, um sie brieflich mitteilen zu können, alles Erzählen wurde aufs mündliche verschoben. Da Storm die großen Schlafzimmer scheute,

wurde ihm im kleinen Schlosse, hundert Schritte vom großen entfernt, ein behagliches Wohn= und Schlaf=
zimmer hergerichtet. Neben seinem Schlafzimmer mußte zum Schutz ein Diener schlafen.

Mit Schindlers fliegendem Gespann ging es täg= lich in die schöne Gegend hinaus.

Heimgekehrt, drängte der „nordische Freund" Julius von der Traun zu einem Besuche in die „graue Stadt am Meere". Erst im Juni 1877 erfüllte der österreichische Dichter sein Versprechen. Er erfreute sich an dem bunten Kinderleben und hatte für alle ein freundliches Wort. Mit Ernst, dem Referendar, ging er zum Deich hinaus und lauschte dem Rauschen des Meeres und dem Schrei der Seevögel. Mit dem Vater wanderte er durch die Straßen Husums und ließ sich von ihm die alten Familienhäuser zeigen. Das der Urgroßmutter Feddersen an der Schiffbrücke, das Haus des Weihnachtsonkels Ingver Woldsen in der Krämerstraße und das alte Giebelhaus am Markt, in dem der Maler Johannes seine Erinne= rungen niederschrieb. Sinnend las er den Spruch über der Haustür:

Gelick de Rook und Stof verswint

So sin ock alle Menschenkint. 1581.

Auch ein Ausflug nach Schwabstedt zu Storms Stu= dienfreund, Pastor Trulsen, wurde gemacht. Das war noch ein Pfarrhof wie aus Vossens Luise. Über den Rasen vor der Tür stolzierte ein Pfauenpaar mit seinen Jungen, Perlhühner und andere Hühner, und aus der offenen Haustür kam der Duft des leckersten

Mittagsmahles. Doch als Vorspeise gab es süße Hagebuttensuppe, und der österreichische Gast bat bescheiden, die Suppe stehen lassen zu dürfen. Die Husumer Tage blieben Julius von der Traun in treuer Erinnerung, aber wiedergekommen ist er nicht.

1877 vermittelte Regierungsrat Petersen in Schleswig die Anknüpfung mit Gottfried Keller in Zürich. Im „Hause Storm" wurde er der „Dichterfreund" genannt, denn ihn verband nicht nur mit Theodor Storm, auch mit Wilhelm Jensen, Paul Heyse und Gottfried Keller die gleiche Freundschaft. Freund Petersen hatte in Bormio mit Entzücken den „Grünen Heinrich" von Keller gelesen und ruhte nicht, bis sein Husumer Freund, Theodor Storm, mit einem Briefe bei Keller anklopfte. Kellers Werke standen schon lange vollzählig in den Mahagoni-Bücherschränken und wurden von groß und klein mit Inbrunst gelesen — doch hatten die beiden Dichter sich niemals gesehen. So schrieb denn Storm am 27. 3. 77 den ersten Brief an Gottfried Keller, dem schon am 30. 3. 77 eine Antwort folgte. Der Briefwechsel währte zehn Jahre bis zu Storms Tode. Sie gaben sich in ihren Briefen Ratschläge und sprachen sich offen über das Technische und Praktische in ihren Arbeiten aus. Keller nannte Theodor Storm einen „stillen Goldschmied" und „silbernen Filigranarbeiter".

Klaus Groth und Theodor Storm besuchten sich mitunter mit ihren Frauen in Husum und Kiel. Wenn dann Storm, von Frau Groth am Flügel begleitet, den Freunden vorsang, ging Groth mit großen Schritten in behaglichster Stimmung im Zimmer auf

und nieder und soll dann entzückt ausgerufen haben,
„Theodor, dat is ja as Öl!"

Bald erkannte Storm, daß seine Produktionskraft
sich nicht nur erholte, sondern an Breite und Tiefe
sich noch gesteigert hatte. Seit der Vollendung der
fünf „Zerstreuten Kapitel" bis zu seiner Übersiede=
lung nach Hademarschen (1880) hat er sechzehn Prosa=
dichtungen geschrieben. Besonderen Wert legte er
auf die Novelle „Beim Vetter Christian" — er nannte
sie ein „kleines Kabinettstück".

Und wie die Jahre gingen, wurden der Sorgen
weniger. Hans, der bis zu seinem Tode (1886) des
Vaters Sorgenkind blieb, ließ sich als Arzt in
Heiligenhafen in Holstein nieder, Ernst wurde Amts=
richter in Toflund, Karl Musik= und Gesanglehrer in
Varel in Oldenburg, und Lisbeth, die älteste Tochter,
heiratete den Pastor Gustav Haase in Heiligenhafen.
Die Alten, die ihre Kinder so weit ins Leben hinein
begleitet hatten, starben. Der alte Johann Kasimir
Storm starb in der Nacht vom 14. zum 15. Sep=
tember 1874, im selben Zimmer und in derselben
Mitternachtsstunde, in dem ihm vor 57 Jahren sein
ältester Sohn Theodor geboren wurde. Am 28. Juli
1879 ging auch Storms Mutter in das Land, aus
dem kein Wanderer wiederkehrt, und das alte Fa=
milienhaus stand zum Verkaufe. Das war für
Theodor Storm ein großer Schmerz. Noch einmal
ließ er das fröhliche Kinderleben auf Treppen und
Gängen, in Hof und Garten mit Brüdern und
Schwestern in der Erinnerung vorüberziehen. Aber
dann schrieb er seinem Sohne Karl: „Man darf nicht

in Erinnerungen schwelgen, wenn man für das Leben etwas leisten will — vorwärts."

Seit 1876 überkam Theodor Storm oft die Sehnsucht, sein Amt niederzulegen. Er erkannte mehr und mehr, daß er mit seinem Amte abschließen müsse, wenn er von seinem Leben noch etwas haben wolle. Damit eine rechte Verjüngung eintrete, kaufte er sich in Hademarschen ein Grundstück mit wahrhaft Eichendorffscher Fernsicht. Hademarschen ist ein großes Kirchdorf in Holstein. Das Haus, das nun gebaut wurde, steht zwischen Hademarschen und dem traulichen Dorfe Hanerau. Wiesen und sanfte Waldhöhenzüge umgeben den Ort. Die Aussicht ist weit — rasige Wege führen in den Wald, und in den Hecken blühen Geißblatt und wilde Rosen. Ein schöner Garten wurde angelegt und mit nicht zu kleinen, schnell wachsenden Bäumen bepflanzt.

So stand im Herbst 1879 zu gleicher Zeit mit dem in der "Hohlen Gasse" das Haus in der Wasserreihe zum Verkauf. Einen Augenblick war es dem Dichter, als verlöre er den Boden unter den Füßen und damit die Fähigkeit zu dichterischem Schaffen. —

Am 29. April erhielt Theodor Storm die Nachricht, daß seine Entlassung am 1. Mai erfolgen würde.

7. Kapitel

Die Übersiedlung der Familie und des Hausstandes fand schon am 23. April statt. Der Vater mußte erst in Husum die Antwort auf sein Ent-

laſſungsgeſuch abwarten. Ein letztes Mal dirigierte
er ſeinen Geſangverein — am Schluß überreichten
ihm die Mitglieder ein geſchnitztes Notenpult und
einen Taktſtock aus Ebenholz und Elfenbein. Die
Freunde gaben Theodor Storm ein Abſchiedseſſen,
aus einem Trinkſpruch klang mit Recht die Frage,
„warum der Dichter noch einmal freiwillig ſeine
„graue Stadt am Meer" verlaſſe, nach der er ſich
in der Fremde ſo ſehr geſehnt habe?"

Mitunter fragte ſich der Vater, ob er auch recht
tue, mit ſeinen jungen Töchtern aus der Stadt aufs
Land zu ziehen. Doch die Überzeugung, daß ſeine
Kinder einſt auf ein weit traulicheres und innigeres
Zuſammenleben mit ihrem Vater zurückblicken wür=
den, als es in der Stadt möglich ſei, tröſtete ihn.

In Hademarſchen begann nun ein ganz neues,
anderes Leben. Ein Jahr lang lebten ſie noch in
einer Mietswohnung, wenige Minuten von Bruder
Johannes entfernt. Mit Behagen verfolgte Storm
den Bau ſeines Hauſes. Auf einer langen Leiter
kletterte er behutſam in den oberen Stock und blickte
aus den Fenſtern ſeiner künftigen Stube und träumte
Zukunftsträume in den hellen Sonnenſchein hinein.
Bei klarem Wetter konnte man über den Wald hin=
weg die Segelſchiffe auf der fernen Eider fahren
ſehen. Viel Zeit widmete Theodor Storm ſeinem
Garten. Wenn im flimmernden Mittagsſonnen=
ſchein der Feuerfalter, der blaue Argus, Pfauenauge
und Zitronenfalter ſich luſtig über die im Graſe
blühenden Feld= und Heideblumen wiegten — durften
die unteren Raſen nicht gemäht werden, um dieſen

bunten Sommervögeln die Nahrung nicht zu nehmen. Ein bedeutungsvolles Fest war es für die ganze Familie, als die ersten Spargel gestochen und die ersten Erdbeeren gepflückt wurden. Wenn nach langer Trockenheit wieder erquickender Regen niederfiel, geschah es fast jedesmal, daß Theodor Storm ein Fenster aufstieß, mit Entzücken den starken Duft der Birken und Tannen atmend, ausrief: „Rauscht es nicht, als wollt' es regnen?" Das klang immer wie Musik. Jede Kleinigkeit wurde für ihn zum Ereignis. Einmal blühte zum erstenmal in seinem Garten eine der großen dunkelroten Mohnblumen auf mit dem stahlblauen Kelch; da rief der Poet durchs Haus: „Kinder, kommt schnell alle in den Garten, ein Wunder ist geschehen."

Den Unterricht der elf= und fünfzehnjährigen Töchter übernahm der Vater selbst bis auf einige Fächer, die der Dorfschulmeister übernahm. Nun die drückende Last des Amtes und auch die Nahrungs= sorge von ihm genommen war, war aus dem unduld= samen, leicht reizbaren Lehrer ein sehr geduldiger geworden. Der Unterricht verlief friedlich und an= regend für den Vater und die Kinder und war nur noch Freude.

Theodor Storm fühlte sich in diesem neuen Leben mit den ihm zusagenden Beschäftigungen so glücklich, daß er oft ausrief: „Wie schön ist es zu leben, nur zu leben!" Oder wenn er seine ganze Familie um sich versammelt hatte — es geschah nur noch selten —: „Wie schön ist es, Kinder zu haben!" Dabei strahlten seine blauen Augen voll unendlicher Liebe und Güte.

Er hoffte, nach Art seines Geschlechtes sehr alt zu werden und noch lange mit Frau und Kindern im Schatten der Bäume seines Gartens zu wandeln.

Als erster Gast kam der Dichter Wilhelm Jensen nach Hademarschen. Die beiden Poeten stiegen zusammen im Bau herum, auch mußte Wilhelm Jensen den Garten gründlich bewundern und sich von fast jedem Baum und Strauch eine kleine Geschichte erzählen lassen. Jensen nahm als Erinnerung an den Besuch einen Nagel aus dem neuen Hause Theodor Storms mit nach Hause und hing an ihn ein Bild des alten Brunswiker Hauses in Kiel, in dem er seine Kindheit und Jugend verlebte. „Wie ein Traum," schrieb er nach Hademarschen, „liegt mir Ihr freundliches Haus auf dem Walfischrücken des Holsteinlandes in weiter Fern!"

Und als im Jahre 1881 das Maiengrün über Baum und Strauch lag, hielt Theodor Storm mit den Seinen seinen Einzug in die „Altersvilla". Am Abend wanderte der Dichter in stillem Glücksgefühl stundenlang auf der Terrasse seines Hauses auf und nieder. Es war ein feierlicher Frühlingsabend, hoch über ihm wölbte sich der glitzernde Sternenhimmel, und der Mond erfüllte mit seiner goldenen Pracht den Garten — auf dem Wipfel einer Tanne schlug noch spät eine Drossel — tiefer Friede erfüllte die Dichterseele.

Das Sommerleben spielte sich nun fast ausschließlich im Garten, auf der von jungen Linden überschatteten Terrasse oder in der Veranda ab; das Winterleben in den behaglichen Wohnräumen des

Hauses. „Auf meinem Zimmer," erzählte Storm seinem Karl, „ist es in roter Wintersonne wahrhaft entzückend, wie nicht im Frühling oder Sommer. Jetzt erst ist das Wohnen auf der luftigen Höhe, sind die duftigen braunen und violetten Fernen schön."

Immer wieder beschlich den Dichter die Sorge, seine Muse könne ihn verlassen. 1880 fanden sich zu einem alten Anfang „Also, Sie haben die Bestie auch gekannt?" plötzlich die Szenen, aus denen dann die Novelle „Der Etatsrat" erwuchs. Im Herbst 1881 holte er sich bei einem Besuch in Heiligenhafen den Stoff zu einer Winterarbeit „Hans und Heinz Kirch", nach Ausspruch seiner Freunde ein Meisterstück. 1883 und 1884 entstand die Novelle „Zur Chronik von Grieshaus", deren erster Teil in Wien in einer Vorlesung der großen Studentenvereinigung von dem gefeierten Schauspieler Sonnenthal vorgelesen wurde.

„Es waren zwei Königskinder" ist ein Erlebnis des stillen Musikanten (Karl), das er in einer warmen Sommernacht, auf der Terrasse sitzend, den aufhorchenden Seinen erzählte. Am andern Morgen setzte sich der Vater an seinen Schreibtisch und schrieb innerhalb vier Wochen die Novelle. Zu der Novelle „Ein Fest auf Hadersleerhänds" hat der Dichter recht fleißige Studien gemacht, doch bezeichnet er selbst die Dichtung hinsichtlich des Schlusses als ein Wagestück. 1885 entstand „John Riew", 1885 und 1886 die beiden Novellen „Bötjer Basch" und „Ein Doppelgänger", von denen Theodor Storm sagte, daß in beiden das Evangelium der Liebe stecke.

Die Jahre in Hademarschen flossen ziemlich gleich=

mäßig dahin. Im Sommer waren Haus und Garten von Besuchenden belebt. Im Laufe der Jahre kehrten nacheinander: Wilhelm Jensen mit seiner Frau oder seiner Tochter, Freund Petersen aus Schleswig, Klaus Groth, Hermione von Preuschen-Schmidt, Ilse Frapan und die jungen Freunde: Ferdinand Tönnies (Husum), Hans Spekter, Alfred Biese im Dichterhause ein. Im Dezember 1884 auch Erich Schmidt. Aus dieser Zeit stammt die Widmung:

„Du gehst im Morgen-, ich im Abendlichte,
Laß mich dies Buch in deine Hände legen,
Und könnt' ich jemals dir das Herz bewegen,
Vergiß es nicht" —

Nach dem Mittagessen mußten die Gäste sich den Nachtisch aus dem Garten holen; sei es aus den Pflaumen- oder Kirschbäumen, oder von den Johannis-, Stachelbeer- und Himbeersträuchern. An einigen Stachelbeersträuchern hing ein steifer Pappstreifen mit der Aufschrift „Vaters Busch". Sie waren auch allen heilig, nur wenn der „stille Musikant" in den Sommerferien daheim war, wurden sie doch ein wenig beraubt. Die Vormittage verbrachte der Dichter sinnend und dichtend an seinem Schreibtisch. Aber nachmittags nach dem auf der Terrasse eingenommenen Tee führte Storm seine Gäste durch das anmutige Dorf Hanerau ins Gehölz und zu dem mitten im Walde gelegenen Mennonitenkirchhofe. Niemand durfte vorher diesen stillen Friedensplatz verraten.

An einem sommerheißen Septembertage des

Jahres 1881 überraschte Paul Heyse Theodor Storm mit seinem Besuche. Alles lag im tiefen Mittagsschweigen. Leise schritt er ums Haus und trat in die Veranda, wo Storms Tochter Elsabe, die ihn an seine eigene gemahnte, ruhte, ein Buch in der Hand, behaglich die Stille, die nur durch das feine Summen und Schwirren der Fliegen unterbrochen wurde, genießend. Er gab sich als Paul Heyse zu erkennen, und Elsabe führte ihn freudestrahlend zu ihrem Vater. Nun folgte eine Reihe froher, unvergeßlicher Tage. Immer war Paul Heyse von jung und alt umringt, die seinen feinen Erzählungen, die er mit einer weichen, sympathischen Stimme vortrug, lauschten. Ergreifend war es, wie an einem Nachmittage eine sehr alte Dame, die Mutter vieler Söhne, ihn bat, nur ein einziges Mal noch eine Erzählung von Mutter und Sohn zu schreiben. Der sonnige Gast hatte im Fluge alle Herzen für sich gewonnen. Bei seinem Abschied schrieb er einer jungen Tochter ins Album:

"Das ist ein lieblich Treuhalten
Zwischen der Jugend und den Alten."

Und seinem Freunde:

"Zwei alte Poetengesellen —
Nichts Treueres kennt die Welt." —

Nach seinem Fortgang schrieb Storm in seinem "Was der Tag gibt": "Er ist einer von den wahrhaft liebenswürdigen Menschen. Nach ihrem Scheiden bleibt noch lange Zeit ein Leuchten an den Orten, wo sie gewesen sind."

Im Juni 1883 erhielt Theodor Storm vom König von Bayern den Maximiliansorden für Kunst und Wissenschaft; dies war eine wirkliche Herzensfreude. „So eine echte Anerkennung dessen, was wir im Leben als unsere eigentliche Leistung betrachten müssen, tut am Abend des Lebens wohl, mein Kind!" schreibt er seiner Elsabe.

Im Mai 1884 wurde eine langgeplante Reise nach Berlin ausgeführt. Storm und seine Frau waren dort die Gäste der alten Heiligenstädter Freunde Alexander von Wussows und Frau Anna. Die größte Freude für Storm war die warme, herzliche Aufnahme, die er bei seinen alten Freunden, Fontane, Mommsen und Zöllner, fand. „Man empfing von ihm einen schönen Poeteneindruck," erzählt Fontane. Berlin veranstaltete eine Feier, an der die Besten teilnahmen.

Im Sommer 1886 brachte Storm seine Tochter Elsabe nach Weimar — sie sollte dort Musik studieren. Erich Schmidt war derzeit Direktor des Goethe-Museums, durch ihn trat er in Beziehungen zu vielen geistig bedeutenden Menschen. Auch war er mehrere Male in Gesellschaft bei Hofe und las auch einmal im engen Kreise seine Novelle „Eckenhof" vor. Der alte Großherzog empfing den Dichter herzlich und freundlich, „ich komme mir mitunter vor wie ein alter Kastellan," sagte er, „es ist ja alles nur ererbt, was ich zu verwalten habe".

Am Abend seiner Heimkehr schrieb Theodor Storm in ein kleines Notizbuch, in dem Poesie und Prosa im bunten Durcheinander verzeichnet wurde:

"Wieder heim soeben. Dette und Dodo holten mich vom Bahnhof; als wir unserem Hause näher kamen, stand Do hinter den Tannen im Garten. Ich sprang über den Zaun und hatte nun alles, was augenblicklich hier ist."

Mit dem Sommer 1886 war die beste Zeit seines Lebens verflossen. Der 14. September wurde noch einmal in aller Fröhlichkeit gefeiert. Aus Husum kamen die Geschwister und Freunde. Am Morgen des 14. September war in der Veranda der Geburtstagstisch mit den letzten Heideblüten geschmückt, ins Fenster nickten die roten Vogelbeeren aus dem dunkeln Grün der Tannen, und in den silbernen Herbstfäden blitzten die Tautropfen im Sonnenschein. —

Am 2. Oktober 1886 warf eine Lungenentzündung, die eine Rippenfellentzündung zur Folge hatte, Theodor Storm aufs Krankenlager, von dem er erst nach fast sieben Monaten erstand. Zaghaft, fast scheu, betrat der Genesende im Frühling seinen geliebten Garten, in dem spät noch die Schneeglöckchen blühten und die Veilchen dufteten. Schwarzblättchen und der Gartenlaubsänger sangen in den Büschen. Am 5. Mai, Konstanzens Geburtstag, kam eine Nachtigall zum flüchtigen Besuche und sang zum Entzücken des Dichters einen ganzen Tag lang — doch dann flog sie auf und davon.

Die Kräfte wollten sich nicht wieder einstellen, und Theodor Storm begann über Schmerzen im Leibe zu klagen. Der herbeigerufene Arzt stellte Magenkrebs fest und sagte es auch auf drängendes Befragen dem Kranken. Von diesem Augenblick an erfaßte eine sanfte Schwermut den Dichter. Der Garten mit seiner Blütenpracht und der maiengrüne Wald waren ihm wie mit dunkeln Schleiern verhangen, und auch der Sang der Vögel erfreute nicht mehr sein Herz. Da faßten Bruder Emil aus Husum und der befreundete Arzt in Hademarschen den Entschluß, ihm die Lebensfreude wiederzugeben. Es wurde eine Scheinuntersuchung gemacht und dem Kranken erklärt, „es sei kein Krebs, sondern eine Erweiterung der großen Aorta". Diese fromme Lüge schenkte ihm noch einen hellen Sommer und gab ihm die Kraft, seine letzte Novelle, „Der Schimmelreiter", zu beenden. Doch es kamen auch Tage, an denen ihn die zunehmende Schwäche und der andauernde Magendruck mit Bangen erfüllte. Als die Nachricht von dem Tode eines ihm nahen Freundes kam, sagte Storm ahnungsschwer, „mir ist, wenn es ein Wieder= sehen gibt, als ob ich meinen Freund bald in anderen Gefilden treffen werde."

Der Sommer schenkte ihm noch eine Reise zu Lisbeth und eine Fahrt nach Sylt mit seinem jungen Freunde Ferdinand Tonnies und dann am 14. Sep= tember die Feier des 70. Geburtstages.

Dieser Tag gestaltete sich zu einem Volksfeste. Viele Gäste, Kinder, Verwandte und Freunde kamen von nah und fern zur Feier nach Hademarschen. Die ganze Gemeinde traf heimliche Vorbereitungen. Ein Gerücht raunte den Frauen zu, daß am Abend des 14. September ein Zug von 300 Kindern dem Ge= burtstagskinde einen Fackelzug bringen würde.

Darauf wurden in aller Stille Unmengen von Äpfeln ins Haus gebracht und viele Kuchen für die kleinen Gäste gebacken. Die Bauern im Dorfe nahmen einfach die Gäste von „uns Herr Rat" in echt schleswig-holsteinischer Gastfreundschaft bei sich auf.

Am Morgen des 14. erwachte man im Dichterhause von einem leisen und andauernden Pochen und Hämmern. Vorsichtig aus dem Fenster guckend, sah man, wie vor dem Gartentor emsig an einer Ehrenpforte gebaut wurde. Und wie sie fertig war, hing in ihrer Mitte, umkränzt von bunten Herbstblumen, ein weißes Schild mit der Aufschrift „Dem Guten". Theodor Storm schlief noch und hatte von der Heimlichkeit nichts gemerkt. Um 7 Uhr früh weckte ihn ein feierlicher Gesang: „Nun danket alle Gott, mit Herzen, Mund und Händen!" In Ergriffenheit öffnete er das Fenster und dankte den braven Leuten aus warmem Herzen. Von 10 Uhr in der Frühe an füllte sich das Haus mit Glückwünschenden — alle Räume waren bald in einen Blumengarten verwandelt. Manche Überraschung, an die sein bescheidener Sinn nicht gedacht hatte, wurde ihm dargebracht. Die Damen der Stadt Kiel schenkten dem Geburtstagskinde einen kostbaren Schreibtisch aus der bekannten Werkstatt von Sauermann in Flensburg, mit Sessel und einem Perserteppich. Von der Vaterstadt Husum kam eine Abordnung, die ihrem treuesten Sohn den Ehrenbürgerbrief überreichte. In einem in phantastischer Schönheit hergestellten Blumenkissen lag, vom Verleger überreicht, die Lebensbeschreibung des Dichters, von Paul Schütze. Der „Hamburger Korrespondent" sandte eine aus Blumen sinnreich gebundene Leier. Von seinen Dichterfreunden kam Paul Heyse im Bilde, Wilhelm Jensen überraschte den Freund durch sein Kommen, indem er ganz unvermutet ins Zimmer trat.

Um 3 Uhr nachmittags schritt der Dichter im Zuge seiner Gäste und der Seinen durch das festlich geschmückte Dorf nach „Thiesens Gasthof", wo das Mittagessen eingenommen werden sollte. Die schnurgerade, von Kastanien umsäumte Straße war in Zwischenräumen mit Ehrenpforten geschmückt. Aus dem dunkeln Laubgewinde leuchteten Astern und Dahlien in den kräftigen Farben des Herbstes. Alle Häuser waren mit Fahnen und Kränzen geschmückt, und die ganze Straße, über die das Geburtstagskind schritt, war mit Blumen und buntem Herbstlaub bestreut. An den Türen standen in ihren Sonntagskleidern die Dorfbewohner, nickten und grüßten.

68 Gäste umgaben die bekränzte Tafel in dem großen Saale des Gasthauses. Alle Reden atmeten die große Liebe und Anerkennung, von der der Dichter an diesem Tage unzählige Beweise erhielt. Wilhelm Jensen brachte dem Lehrer und Freund einen warmen Trinkspruch. Sein Dank klang ein wenig ernst. Ein Bruchteil der Tischrede fand sich im Nachlaß, darum setze ich ihn hierher:

„Meine verehrten Freunde und Verwandten!

Der siebenzigste Geburtstag ist wohl deshalb ein großes Fest, weil es für den Jubilar zugleich ein schmerzliches ist. Denn der Volksmund hat recht:

„Siebenzig Jahre ein Greis", und das Greisentum hat wesentlich mit dem Tode zu rechnen, und die Aussicht auf den letzten, grünen Hügel wird dem Siebziger nicht mehr verschwinden. Aber da wacht im Herzen der Menschen die Liebe auf. Noch einmal wollen sie das Herz des alten Geburtstagskindes mit Freude füllen, mit Rosen soll die Perspektive verdeckt werden. So sind auch Sie alle hierhergekommen, um mir über diesen Lebensabschnitt hinwegzuhelfen, und ich sage Ihnen meinen Dank dafür. Die Erinnerung daran wird bei mir bleiben auf der Strecke Weges, die mir noch übrig ist, denn Sie alle haben mir eine wahrhafte Freude gebracht.

Meine verehrten Freunde, es sind unter den Gästen einige, ich weiß es, die dieses Fest als ein bloßes Familienfest ansehen. Ich aber kann mich der Erkenntnis nicht entziehen, daß es dem Dichter gilt. So lassen Sie mich ein Wort in dieser Richtung sagen.

In der Landschaft, wo ich geboren wurde, liegt freilich nur für den, der die Wünschelrute zu handhaben weiß, die Poesie auf Heiden und Mooren, an der Meeresküste und auf den feierlich schweigenden Weideflächen hinter den Deichen. Die Menschen selber dort brauchen die Poesie nicht und suchen nicht danach. Man sagt von jungen Rossen, daß sie knappes Futter haben müssen, wenn sie werden sollen, was sie werden können. Gilt das auch von Menschen? So bin ich in der Kunst der Poesie glücklich darangewesen. Die Gelehrtenschule meiner Vaterstadt Husum wußte nichts von dieser Kunst. In unserem

Hause war ein Schiller, von Goethe nur Hermann und Dorothea und dann vom Großvater her ein Chodowiecki=Band des alten Wandsbecker Boten. Erst die Hildburghauser Kabinett= und Miniaturausgaben brachten uns eine Menge Dichtungen, aber von Poeten, die damals wohl schon meist vergessen waren, freilich Bürgers Leonore und Wielands Oberon waren dazwischen. Aber von dem, was eben lebendig aufgetreten war, von den Romantikern, von Uhland, Eichendorff, Rückert, wurde uns damals nichts gebracht. Meine letzte poetische Arbeit über den Israeliten Mathatias erhielt ich vom Rektor ohne Korrektur zurück, er sei kein Dichter. Ich hatte, als mein Vater mich aus der Prima der alten Husumer Gelehrtenschule auf das Lübecker Gymnasium schickte, keine Ahnung, daß gleichzeitig mit mir Dichter wie Uhland oder Eichendorff auf der Welt seien. In Lübeck aber, wo eine höhere Luft wehte, traten zwei für mich bedeutende Ereignisse in mein Leben. Ich lernte Goethes „Faust" und Heines „Buch der Lieder" kennen. Mag man von diesen sagen, was man will oder kann: ein Dichter wird sie nie verleugnen können. Mir war — ein Jüngerer wird sich von diesem Eindruck keine Vorstellung machen können —, als sei plötzlich ein Vorhang und noch einer zerrissen, und ich blickte zum erstenmal in eine Welt, aus der die Poesie mit ihren Sternenaugen auf mich schaute. Dann kam noch Eichendorff und später Eduard Mörike hinzu. So war ich mit denen bekannt, die bestimmend auf meine eigene Kunst einwirkten. Ich wurde ihr Schüler, niemals ihr

Nachahmer, davor bewahrte mich meine selbständige Natur.

Schon nach der Husumer Schule hatte ich mich in Versen versucht, aber es war eine inhaltlose Spielerei. In Lübeck wurde der Ton ein etwas anderer; aber es war immerhin ein etwas schülerhaftes Flügel= prüfen; auch aus der Universitätszeit ist nur weniges stehen geblieben. Erst als ich in meiner Vaterstadt Advokat und absolut für mich selbst verantwortlich geworden war und mein Leben einen festen Inhalt gewonnen hatte, wurde meine Lyrik fertig. Als ich die schicksalsschweren Lieder, die die kleine Dichtung Immensee tragen, geschrieben hatte: „Meine Mutter hat's gewollt", und das Lied des Harfenmädchens, als dann auch noch das Oktoberlied entstanden war, da war mir, auch ich sei jener seltenen, reinen und tiefen Lyrik mächtig, die ich bei Goethe, Heine, Uhland, Eichendorff und Eduard Mörike gefunden hatte. Und dieses Gefühl, ich darf es, dem Lebens= ende so nahe, wohl aussprechen, ist jetzt meine feste Überzeugung, obgleich es die Welt noch jetzt kaum weiß, auch nicht die, die es hätte wissen sollen."

Es dunkelte schon lange, als die Festgäste von der Tafel aufstanden, um in dem Dichterhause die Feier ausklingen zu lassen. Was für ein wunderbares Bild bot sich den überraschten Blicken dar, als der Zug aus dem Hause trat. Ein klarer Sternenhimmel wölbte sich über dem Dorfe, doch heller noch als die Sterne leuchteten die Fenster der kleinen Bauern= häuser, die rechts und links der Straße standen. Da= mit hatten sich die schlichten Landleute noch nicht be=

gnügt; mit Blumen, Laub- und Tannengrün waren die Fenster geschmückt, und in manchen stand das bekränzte Bild unseres Dichters. Kaum hatte man sich in den hellen Räumen auf der Terrasse und in der Veranda des Dichterhauses zur Bowle gesetzt, als aus der Tiefe des Gartens ein silberheller Gesang ertönte. Frohbewegt eilten alle hinaus und erblickten nun, wie ein endloser Zug von Kindern, mit Stocklaternen in den kleinen Händen, durch die Wege und dunkeln Tannengänge zog. Aus den umliegenden Dörfern langten am Abend zahlreiche Wagen mit Landleuten an, die sich im Garten und auf der Landstraße vor dem Hause ergingen. Um 10 Uhr drang aus der Dunkelheit des Gartens leiser Gesang, der immer stärker anschwoll. „Nun danket alle Gott", erscholl es noch einmal. Es war die Hademarscher Liedertafel, die unter den Glückwünschenden nicht fehlen wollte. Dann folgte „Dies ist der Tag des Herrn" und „Alles schweige", aber nicht nach dem bekannten Text, mit eigens für das Geburtstagskind verfaßten Worten. Theodor Storm trat auf die Terrasse und dankte mit bewegten Worten. Dann waren seine Kräfte erschöpft. Um Mitternacht verließen alle Gäste das Haus, und der schöne Tag war zu Ende.

„Dat mut ja'n heel wichtigen Mann wesen, uns Herr Rat, dat so veel um em dahn ward!" „Ja, dat mut he!" hörte man am anderen Tage einen Bauern zum anderen sagen.

„Wie gut," schrieb Storm an Alfred Biese, „daß ich nicht im vorigen Jahre dahingerafft wurde, um endlich von anderen zu hören, was ich seit vierzig Jahren bei mir selbst weiß."

1887 feierte Theodor Storm zum letztenmal im Kreise seiner Lieben das Weihnachtsfest. Er ließ es sich nicht nehmen, die zwölf Fuß hohe Tanne selbst zu schmücken. Seine Kinder durften, wie zur Zeit der Kindheit, vergolden helfen, Netze schneiden und Bonbons in farbige Papiere wickeln — der Baum selbst blieb für sie eine Überraschung. Zum erstenmal fehlte eines seiner Kinder. Sein Sohn Hans war dem Vater um ein Jahr vorausgegangen. Der Abend des 24. Dezember kam. Die Flügeltür, die ins große Wohnzimmer führte, öffnete sich — der Tannenbaum stand noch einmal im hellen Lichterglanz, Theodor Storm legte die Arme um seine Frau. Die Kinder, die nun keine Kinder mehr waren, umstanden das Klavier, und Karl stimmte leise an: „Stille Nacht, heilige Nacht" — und wie gesungen wurde — „schlaf in himmlischer Ruh'", da breitete der Vater sehnend die Arme aus, Tränen stürzten aus seinen lieben Augen, und er brach in die Worte aus: „Drüben in Bayern, da ist ein einsames Grab, darüber weht der Wind, und der Schnee fällt in dichten Flocken darauf." Der Weihnachtsgesang verstummte, still führten ihn die Seinen unter den brennenden Lichterbaum — so, umringt von seinen Liebsten, blickte Theodor Storm zum letztenmal in den kerzenhellen Weihnachtsbaum, aus dem ihm wie mit Märchenaugen seine Kindheit grüßte.

Am 6. Januar 1888 fuhr Theodor Storm noch einmal, wie alljährlich, nach Husum, um den Ge-

burtstag des Grafen Reventlow und den seines
Sohnes Ernst, der jetzt als Rechtsanwalt in Husum
lebte, zu feiern. Wie gerne wäre er noch einmal
nach Husum zurückgekehrt, um zusammen mit Ernst,
den er sein literarisches Gewissen, sein zweites „Ich"
nannte, sein Leben zu beschließen. — Ende Januar
trafen er und Frau Do wieder in Hademarschen ein.
Die Schmerzen nahmen zu, die Nächte wurden
schlaflos. Stundenlang kniete Do in bangen Nächten
an seinem Bette und rieb ihm mit sanfter Hand den
schmerzenden Leib. Und wenn dann am Morgen
die im anstoßenden Zimmer schlafenden Töchter
fragten: „Wie hat Vater geschlafen?" war immer
die Antwort: „Schlecht".

Der Frühling, nach dem der Kranke sich so sehr
sehnte, kam zögernd. Im März türmten sich noch
zu beiden Seiten der Straße hohe Schneemassen,
und als schon milde Lüfte wehen mußten, rauschte
unaufhörlich ein kalter Regen vom Himmel. Die
Eiderdeiche drohten zu brechen; aus dem schmalen
Nordfenster des Poetenstübchens blickte man über
den Wald hinweg auf eine weite Wasserfläche — auf
überschwemmte Wiesen.

Am 9. Februar 1888 war „Der Schimmelreiter"
beendet. Theodor Storm las diese Dichtung eines
Abends den Seinen und einigen Freunden vor. Die
Fenster wurden verhangen und die Hängelampe über
dem Tisch angezündet, im Ofen brannte ein helles
Holzfeuer, und die Schwarzwälder Uhr ließ ihr be=
hagliches Ticktack ertönen. Der Dichter setzte sich in
seinen alten, tiefen Lehnstuhl und begann mit leiser

Stimme zu lesen. Bald waren die Zuhörer im
Zauber der Dichtung gefangen.

Nachdem er zu Ende gelesen, fragte er leise: "War
es nicht langweilig?" Und dann, indem er mit seiner
schlanken Hand sanft über das Manuskript strich,
"das ist ja dann auch ein schöner Schluß". Nachdem
diese Arbeit vollendet war, begann Storm seine
Lebenserinnerungen niederzuschreiben. Er kam aber
über die erste Kindheit nicht hinaus. Auch schrieb
er noch einige Szenen zu einer neuen Novelle: "Das
Armsünderglöcklein", doch sie wurde nicht beendet,
der Tod nahm dem Dichter die Feder aus der Hand.

Zum Pfingstfest kam Bruder Emil mit seiner
Frau, Konstanzens Schwester, und zum erstenmal
Ernst mit Frau und zwei kleinen Kindern. Der
Großvater hielt seinen Enkel Hans oft auf dem
Schoß und ließ es sich nicht nehmen, ihm morgens
seine Milch und seine Brötchen zu reichen. Dann sah
er wohl still und sinnend in seine blauen Kinderaugen
und sagte: "Deine Tage sind nicht mehr meine Tage,
mein lieber Junge!" Eine rechte Fröhlichkeit wollte
in diesem Jahre nicht aufkommen, obgleich Maien=
kränze an den Wänden hingen und Maiglöckchen=
sträuße aus dem Walde die Zimmer mit Frühlings=
duft erfüllten. Der Dichter saß matt in der Sofaecke,
und seine blauen Augen blickten schwermutsvoll.
Seine Gedanken drehten sich unablässig um das
große Rätsel des Lebens und des Sterbens. Alle
fühlten die Nähe des Todes und wußten wohl, daß
das Leben des geliebten Vaters und Freundes nur
noch nach Wochen zählte. Nachdem die Pfingstgäste

wieder abgereist waren, schrieb Theodor Storm in sein Notizbuch: „Die Pfingsttage sind vorüber. Die Kinder, Ernst mit Kind und Kegel sind heute vormittag abgereist, Ernst versprach, bald wiederzukommen — was mir wohltat. Auch Emil war sehr lieb gegen mich, fast, als müßte die Zeit gewahrt werden."

Storm sprach oft mit Frau und Kindern über das Sterben, und sie gingen auch ruhig drauf ein, weil sie fühlten, daß es ihm Bedürfnis war. „Das ewige Einerlei von Tag und Nacht ist mir ein schrecklicher Gedanke," sagte er, „daß ich nichts mehr von euch wissen darf und nicht mehr teilnehmen kann an dem, was euch betrübt und beglückt, euch nicht mehr zur Seite stehen darf mit Rat und Hilfe, das ist schrecklich."

Wohl schmückten sich der Wald, der Garten und die Wiesen mit schimmerndem Grün, und die Blumen begannen schüchtern zu blühen — aber die rechte Sommerwärme wollte nicht kommen. Auf die Wege des Gartens wurden nun Stühle gestellt, auf die der Kranke sich auf seinen Wanderungen, von Schwäche übermannt, fallen ließ. Eine tiefe Sehnsucht nach seinen fernen Kindern erfüllte sein Herz. Die Sommerferien, die Elsabe aus Weimar und Karl aus Varel bringen sollten, nahten. Wenn er auf Dos oder der Kinder Arm gestützt durch seinen Garten ging, konnte er fragen: „Wenn diese Rosenknospe blüht, werden Ebbe und Karl dann hier sein?"

Am Abend des 1. Juli ging Theodor Storm zum letzten Male Abschied nehmend durch seinen geliebten

Garten. Ein sanfter Sommerregen betaute leise Busch und Baum — Birken und Tannen erfüllten die Luft mit ihrem starken, erfrischenden Duft, und die Drosseln sangen ihren Abendgesang. Seine Tochter Gertrud, auf deren Arm gestützt er langsam den Garten durchschritt, wollte den Vater sanft ins Haus geleiten. Doch er wollte sich noch nicht trennen. So setzten sie sich in eine Lindenlaube, gegenüber dem Hause, mit dem Blick auf die von Linden beschattete Terrasse. Vor ihnen im grünen Rasen blühten im Rosenbeet die ersten dunkeln Rosen. Ein sanfter, warmer Sommerregen rauschte leis hernieder — der Gesang der Drossel verstummte, und die Dämmerung sank herab. Gertrud deckte ihm einen Mantel über die Knie und beschützte ihn mit einem Schirm. Als wüßte er, daß es das letzte Mal sei, wo sie so allein beisammensaßen, fing der Vater an, sie nach allem, was er meinte, daß sie bedrücke und quäle, zu fragen. Obgleich sie ihm nie etwas geklagt hatte, wußte er alles, und in dieser Stunde konnte sie ihm alles sagen, was sie sonst nie übers Herz gebracht hätte. Auch er sprach nun von seinem Tode und was dann werden solle. Als seine Tochter ihn bat, nicht daran zu denken, erwiderte er: „Mein liebes Kind, man muß doch einmal davon sprechen!" Nach einer Weile des Schweigens sah er sein Kind recht innig an und sagte: „Mein liebes Kind, du bist immer bei mir gewesen, darum sind wir einander auch immer soviel gewesen. Wir haben immer gut und lieb miteinander gelebt, und du wirst mich nicht vergessen." Sie fühlten beide, daß es ein Abschied sei.

Endlich verlangte der Kranke selbst, ins Haus geführt zu werden. Auf eine schlaflose Nacht folgte ein Tag voller Schmerzen. Doch konnte er noch in seinem Arbeitszimmer zwischen seinen geliebten Büchern einhergehen und aus dem Fenster in den grünen Garten blicken und über ihn hinaus auf den Wald und die Wiesen. Am Nachmittage wurde der gemeinsame Tee auf seinem Zimmer getrunken. — Frau Do, zwei sehr geliebte Nichten, Luzie und Helene Storm und seine Tochter Gertrud waren zugegen — alle anderen Kinder waren auswärts. Der Kranke lag ermattet auf dem Sofa, ließ sich aber gern erzählen und von seinen trüben Gedanken ablenken. Auch mußte ihm aus Andersens Roman „O Z" vorgelesen werden — er sprach sich klar über das Gelesene aus. Wie der Abend nahte, wurde der Kranke unruhig — zum ersten Male verwirrten sich seine Gedanken. Der Arzt kam und gab ihm eine Morphiumspritze. Am 2. Juli vermochte der Kranke nicht mehr aufzustehen, das mit Liebe bereitete Essen schmeckte nicht mehr. Am Abend kam Karl. Unaufhörlich fragte der Vater: „Kommt Karl noch nicht? Guck' doch mal zum Fenster hinaus." Endlich hieß es: „Er kommt, er tritt schon in die Gartenpforte!" Die übergroße Freude des Wiedersehens belebte seinen Geist noch einmal, so daß alle Schwäche von ihm genommen zu sein schien. Die Freude gab seinem lieben Angesicht einen Schein von Gesundheit und ließ seine Dichteraugen im hellsten Blau leuchten, so daß Karl sich täuschen ließ und meinte, sein Vater sei gar nicht so krank. Er setzte sich ans Bett und wußte so lustig zu erzählen, daß noch einmal Theodor Storms helles, herzliches Lachen durchs Haus klang. Aber es war nur ein allerletztes Aufleuchten. Nachdem Karl sich zur Ruhe begeben hatte, bereitete Do, wie sie es immer tat, alles zur Nacht vor. Nichts war dem Kranken recht, alles, was gemacht wurde, schien verkehrt zu sein. Da rief Do verzweifelt: „Sei doch nicht so böse, wir wollen ja alles machen, wie du es haben willst!" Da breitete er wie sehnend beide Arme aus, ein fast überirdisches Licht brach aus seinen blauen Augen, und er sagte, jedes Wort fast leidenschaftlich betonend: „Ich bin ja nicht böse, ich bin ja so glücklich!" Dies waren die letzten bewußten Worte aus seinem lieben Munde. Nach einer qualvollen Nacht sprach früh am Morgen der Arzt die schweren Worte: „Es geht zu Ende, es muß an alle Kinder telegraphiert werden!" Das geschah. Am selben Nachmittag 4 Uhr kam Ernst. Er legte einen Strauß voll aufgeblühter Rosen auf des Vaters Bett, an dem sich noch sein Dichterherz erfreuen sollte, und setzte sich still zu ihm. Der Vater schien die Nähe des Sohnes zu empfinden, seine rastlos umherirrenden Augen schlossen sich, und ein Ausdruck der Beruhigung trat in seine Züge. Am Abend kam Lisbeth mit ihrer kleinen fünfjährigen Tochter. — Und dann kam die Nacht. Seine treue Frau, Ernst, Karl, Lisbeth und Gertrud saßen am Bett des Kranken — seine Hand lag in der seiner Frau, mitunter löste er sie, um die eines seiner Kinder mit sanftem Druck zu fassen. Der Todeskampf begann und war hart und schwer.

Es war eine milde Sommernacht, durch die geöffneten Fenster strömte der starke Duft der Holunderblüten, die der Dichter so oft besungen hatte, und wie der Morgen über dem Walde dämmerte, drang von den Feldern der Jubelgesang der Lerchen ins Krankenzimmer.

„Und immer hör' ich den Lerchengesang,
„O Stimme des Tages, mein Herz ist bang."

Am Morgen des 4. Juli kam Luzie und nachmittags 4 Uhr Elsabe und Dodo. Es war, als habe er nur auf ihr Kommen gewartet, um zu sterben. Do kniete am Bette und hielt die Hand ihres Mannes — Ernst trat in die Tür, der Vater nickte ihm zu, als wolle er sagen: „Nun ist das Ende da!" Alle Kinder umstanden nun das Krankenlager. Der Vater sah alle noch einmal an, dann legte er seinen lieben Kopf selbst auf die Seite und schloß die Augen, die so viel Schönheit gesehen — ein leiser Seufzer hob noch einmal die Brust, und der dunkeln Stunde Wehen war vollendet. Alles Qualvolle in seinem lieben Angesicht war ausgelöscht, verklärt und verjüngt ruhte der Entschlafene in seinen Kissen. Wie in der Stunde der Geburt, zog auch in der Stunde seines Sterbens ein Gewitter am Himmel auf. —

Am 7. Juli wurde der bekränzte Sarg von Nachbarn auf den Wagen gehoben. Das ganze Dorf geleitete den alten Freund über mit Rosen bestreuten Wegen zum Bahnhof. Aus allen Häusern wehten mit Kränzen und Trauerflor behangene Fahnen. Unter dem Klange der Glocken wurde der Sarg in

den mit Tannen und Blumen geschmückten Wagen
gestellt — der den toten Dichter in seine "graue
Stadt" fahren sollte. Frau und Kinder und Freunde
gaben ihm das Geleit. Um 4 Uhr kam der Zug in
Husum an. Dunkle, sturmgepeitschte Wolken zogen
am Himmel entlang, und der Wind pfiff in den Masten
der Schiffe, die im Hafen lagen. Eine große Volks=
menge folgte dem Sarge zur alten, von Linden um=
rauschten Gruft. Von auswärts waren nur wenige
gekommen, weil die Todesnachricht zu rasch und un=
erwartet gekommen war. Still, ohne ein Wort wurde
der Sarg in die Gruft hinabgesenkt — kein Geist=
licher folgte. Ein junger Freund ließ langsam und
sinnend eine dunkelrote Rose als letzten Gruß vom
Leben auf den Sarg fallen — in den alten Linden
sangen die Vögel. So hatte Storm es gewollt, in
seinem Testament bestimmt und in seinem Gedicht:
"Ein Sterbender" niedergelegt:

"Auch bleib' der Priester meinem Grabe fern,
Zwar sind es Worte, die der Wind verweht;
Doch will es sich nicht schicken, daß Protest
Gepredigt werde dem, was ich gewesen,
Indes ich ruh' im Bann des ew'gen Schweigens."